W0252443

Art & Cie

Consultez nos catalogues sur le Web

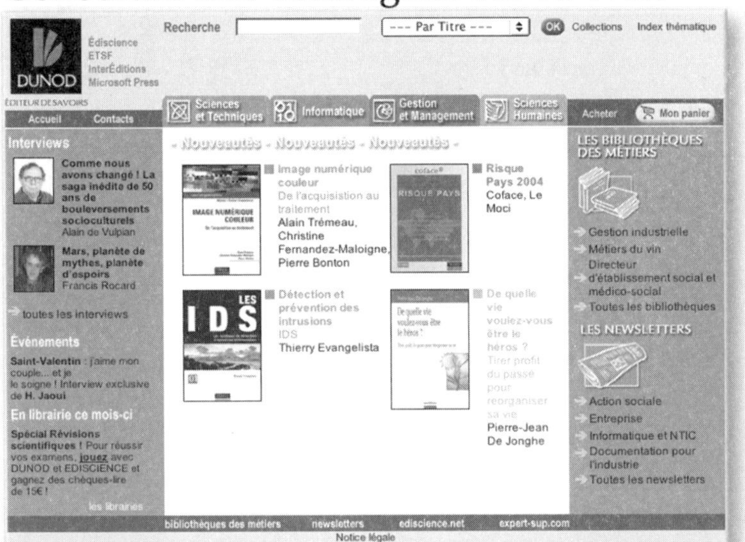

www.dunod.com

Sous la direction de

José FRÈCHES

Émilie Dumarest
Jean-Benoît Frèches
Caroline Frèches
Catherine Guillot
Hélène Mugnier-Maratray

Art & Cie

L'art est indispensable
à l'entreprise

DUNOD

Le pictogramme qui figure ci-contre mérite une explication. Son objet est d'alerter le lecteur sur la menace que représente pour l'avenir de l'écrit, particulièrement dans le domaine de l'édition technique et universitaire, le développement massif du photocopillage.
Le Code de la propriété intellectuelle du 1er juillet 1992 interdit en effet expressément la photocopie à usage collectif sans autorisation des ayants droit. Or, cette pratique s'est généralisée dans les établissements d'enseignement supérieur, provoquant une baisse brutale des achats de livres et de revues, au point que la possibilité même pour les auteurs de créer des œuvres nouvelles et de les faire éditer correctement est aujourd'hui menacée.
Nous rappelons donc que toute reproduction, partielle ou totale, de la présente publication est interdite sans autorisation de l'auteur, de son éditeur ou du Centre français d'exploitation du droit de copie (CFC, 20, rue des Grands-Augustins, 75006 Paris).

DANGER

LE PHOTOCOPILLAGE TUE LE LIVRE

© Dunod, Paris, 2005
ISBN 2 10 048646 2

Le Code de la propriété intellectuelle n'autorisant, aux termes de l'article L. 122-5, 2° et 3° a), d'une part, que les « copies ou reproductions strictement réservées à l'usage privé du copiste et non destinées à une utilisation collective » et, d'autre part, que les analyses et les courtes citations dans un but d'exemple et d'illustration, « toute représentation ou reproduction intégrale ou partielle faite sans le consentement de l'auteur ou de ses ayants droit ou ayants cause est illicite » (art. L. 122-4).
Cette représentation ou reproduction, par quelque procédé que ce soit, constituerait donc une contrefaçon sanctionnée par les articles L. 335-2 et suivants du Code de la propriété intellectuelle.

TABLE DES MATIÈRES

PARTIE 2

ART ET STRATÉGIE D'ENTREPRISE

PARTIE 3

ART ET SOCIÉTÉ

PARTIE 4

ART ET COLLABORATEURS

© Dunod. La photocopie non autorisée est un délit

Introduction

POURQUOI L'ART EST-IL INDISPENSABLE À L'ENTREPRISE ?

« L'homme de génie est celui-là seulement
qui trouve une si douce jouissance à exercer
son art, qu'il travaille malgré tous les obstacles.
Mettez des digues à ces torrents, celui qui doit
devenir un fleuve fameux saura bien les renverser. »

Stendhal

Les passerelles entre le monde de l'art et celui de l'entreprise vont bien au-delà des notions classiques de mécénat, ou d'association d'images entre un grand nom de l'art et une belle marque, c'est-à-dire, pour faire simple, l'alliance des contraires, le monde de l'entreprise étant celui de l'argent et du profit, tandis que celui de l'art obéirait à d'autres valeurs censées laver celles de l'entreprise de leur péché originel…

Le monde de l'art et celui de l'entreprise se recoupent en de si nombreux points – décrits au demeurant fort succinctement dans cet ouvrage – que l'auteur de ces lignes n'a pas peur d'affirmer que l'art est tout simplement indispensable à l'entreprise et aux entrepreneurs.

Dans un grand nombre de secteurs, le design, le packaging, la publicité, le marchandising ne sont, en fait, que la déclinaison d'une série de démarches qui, hier, étaient qualifiées de purement « artistiques » : quelle différence y a-t-il entre Benvenuto Cellini, le célèbre orfèvre florentin, lorsqu'il dessinait pour le roi François Ier sa fameuse salière, actuellement exposée au musée des beaux arts de Vienne en Autriche, et Philippe Starck, célèbre designer auteur d'une brosse à dents ergonomique ou d'une chaise qui seront vendues à des millions d'exemplaires ? Aucune en réalité. De même, peut-on avancer sans risquer d'être contredit que les bureaux de style de l'industrie automobile jouent aujourd'hui le même rôle que celui, jadis, des ateliers des peintres baroques romains qui inventèrent un nouveau style de peinture appelé à essaimer dans toute l'Europe.

Dès qu'il y a produit ou logo, il y a forme ; dès qu'il y a langage des formes, par définition, il y a dimension artistique, même si cette préoccupation n'est parfois que sous-jacente. C'est dire si l'art se cache très souvent là où on s'y attend le moins…

De même, vendre, c'est toujours, quelque part, séduire ; c'est, au-delà de l'appel à l'urgence et à l'utilitaire, surtout dans les sociétés d'abondance comme les nôtres, mobiliser auprès de l'acheteur une composante beaucoup plus profonde – et parfois floue – dans laquelle se mêlent des notions tantôt qualifiées de « mode », de « must », de « rêve » ou de « plaisir ». Faire acheter un produit, un service, dans la jungle touffue et florissante de l'offre de produits et de services qui caractérisent les économies riches et modernes devient une alchimie complexe, car au-delà de la simple réponse à un besoin vital de se nourrir, de se vêtir, de se soigner et de s'abriter des intempéries, bref, au-delà des stricts impératifs de survie de l'espèce humaine, qui sont toujours, d'ailleurs, – hélas ! – le lot commun de très nombreux hommes et de femmes, le marché est devenu un théâtre où les acteurs sont à la recherche de la pièce qui va parler au cœur et à l'esprit du spectateur, qui va lui dire qui il est, qui va lui montrer de quoi il est capable : bref, qui va le faire rêver et qui va, en quelque sorte, l'honorer, le combler, le faire « entrer au club ».

Et c'est là que l'étude des mécanismes profonds de la création artistique et du marché de l'art – où le désir n'a jamais de prix si ce n'est celui qu'un acheteur accepte de payer ! – en somme, de tout ce qui fait de l'art un enjeu tout à la fois passionnel et financier, spirituel et matériel, devient un guide essentiel pour qui veut comprendre l'entreprise d'aujourd'hui et les nouveaux – et colossaux – enjeux auxquels elle doit faire face.

À bien y réfléchir, un artiste, c'est bel et bien une marque, un label, un brevet bien protégé, une sorte de miraculeux coup de tampon qui permet au marché d'accepter qu'une simple toile blanche griffonnée par quelques coups de crayons puisse valoir plus d'un million de dollars dès lorsqu'il s'agit de la main d'artiste nommé Cy Twombly ou Jean-Michel Basquiat.

L'artiste est donc une illustration parfaite de ce que les économistes qualifient de « création de valeur », de « valeur incorporelle », c'est-à-dire de tous les éléments non strictement quantifiables qui permettent à un produit de faire le « grand saut » : celui de la déconnection totale entre le prix de revient et le prix de vente.

N'est-ce pas le rêve de tout chef d'entreprise, que de produire des biens qui ne seront jamais susceptibles d'être délocalisés ou copiés ?

Tel est, aujourd'hui, le privilège de l'œuvre d'art dont la « fabrique », par définition est unique, puisqu'il s'agit d'un homme ou d'une femme, par définition irremplaçables lorsqu'ils ne sont plus là, mais dont les noms survivent après la mort, et de quelle façon si l'on en juge par les cotes – sans cesse ascendantes – des grands artistes tels Picasso, Van Gogh, Gauguin, mais également Ingres et Rubens.

C'est ainsi que le mécanisme par lequel un « objet » devient une « œuvre d'art » est l'illustration parfaite – au point d'en être presque caricaturale – de ce qu'est la « création de valeur », ce terme si difficile à expliciter et dont bon nombre de managers abusent, il faut bien le dire, parfois de façon assez légère.

Elle repose sur des pratiques qui sont très proches du marketing et du merchandising. Est une œuvre d'art l'objet qui a été capable de se déclarer comme tel, parce que son créateur l'a voulu ainsi et que le « système » de l'art l'a admis. Du fait même, l'objet d'art prend ainsi une valeur marchande sans commune mesure avec son « coût » de fabrication. Sa valeur ajoutée « incorporelle » devient colossale.

Donc, l'art est cher. C'est normal. Et l'art est appelé à être de plus en plus cher. Car le prix de l'art est correllé avec la richesse des grandes nations capitalistes où se déploie le marché de l'art : USA et pays européens comme la Grande-Bretagne, l'Allemagne, l'Italie et, dans une moindre mesure, la France.

Aussi la croissance économique du monde est-elle allée de pair avec l'ascension souvent fulgurante du prix des œuvres d'art, comme si elles devenaient – aussi – un ultime refuge, en jouant désormais le rôle qui, pendant des lustres, fut dévolu à l'or…

© Dunod. La photocopie non autorisée est un délit

Ce livre démontrera ainsi que l'étude du marché de l'art – un vrai marché « pur » où la formation du prix de vente d'une œuvre est totalement déconnectée de son prix de revient initial – constitue l'une des meilleures façons de comprendre le marché tout court, avec ses phénomènes purement spéculatifs (on parle parfois de bulle, ou encore de « bouillon ») et accumulatifs.

Le mécanisme complexe par lequel un « objet » devient une œuvre d'art majeure obéit à des notions que tout chef d'entreprise décline quotidiennement et qui ont pour nom « stratégie commerciale », « communication et marketing », « adhésion du consommateur », « séduction du client », c'est-à-dire autant d'éléments qui permettent à l'entreprise de créer de la valeur et de survivre, dans un système où l'offre de produits et de services n'a jamais été aussi sophistiquée et abondante.

Au-delà de cette approche du phénomène artistique comme modèle économique à part entière et comme illustration de ses principales caractéristiques, l'art – comme d'ailleurs le sport – a pour vertu de parler désormais à des centaines de millions d'entre nous ; ce n'est pas un hasard si les artistes et leurs œuvres inspirent désormais de grandes campagnes publicitaires, si des modèles de voiture ou des dentifrices prennent des noms d'artistes.

Dès lors, le parallélisme devient flagrant entre l'artiste et l'entrepreneur : deux funambules au bord de l'abîme du risque, deux créateurs pour lesquels, chaque matin, tout est à recommencer.

On peut expliquer l'art avec le même langage que celui de l'entreprise. Inversement, on comprendra d'autant mieux la démarche des entrepreneurs qu'on emploiera à leur sujet les termes propres à l'aventure des artistes…

Tel est aussi l'objet des pages à venir, au sujet desquelles on espère démontrer la légitimité et la pertinence du paradigme artistique, lorsqu'on évoque le monde de l'entreprise.

PARTIE 1

L'ART, MIROIR DE L'ENTREPRISE

Chapitre 1

L'ARTISTE ET L'ENTREPRENEUR

« Un tableau est un objet construit. Il faut qu'il soit bien construit ; c'est une condition de vie : exactitude, logique, économie, probité ; l'esprit qui ne se contente pas de l'"à peu près", qui aime le cercle tracé au compas, qui emploie le minimum de moyens pour obtenir le maximum d'effet et qui fait que le travail d'un bon ouvrier est "fini". »

Écrits complets, René Magritte

Entre l'artiste et l'entrepreneur, les similitudes sont bien plus nombreuses qu'on le croit, au point que la création des œuvres d'art par les artistes, la destinée de celles-ci, *via* le marché de l'art, la collection ou l'entrée dans un musée, constituent en fait une étonnante métaphore du cycle de production, de la création des marques et de leur distribution, ainsi que de la vie même d'une entreprise.

L'idée de rapprocher deux domaines *a priori* fort éloignés l'un de l'autre peut paraître quelque peu osée.

En fait, il n'en est rien !

Ceux qui seraient tentés d'opposer l'univers pur, idéaliste, éminemment subjectif de l'art à celui de la jungle implacable de l'entreprise et du marché, régi par des lois objectives, celles du temps et de l'argent, font fausse route. Aussi réducteurs l'un que l'autre, ces deux préjugés ont la vie dure et véhiculent auprès du grand public l'idée que le monde de l'art et celui de l'entreprise seraient incompatibles par nature. Or, l'histoire regorge d'exemples de rencontres et coopérations plus que fructueuses et ce, tant du point de vue de l'évolution économique que de l'histoire de l'art. Plutôt que de les énumérer comme cela a été fait et refait, il est plus intéressant de s'interroger sur les ressorts profonds qui lient la démarche des artistes et celle des entrepreneurs.

Et ceux-ci ne manquent pas !

Le matériau initial, l'invention technique ; la condition libre et indépendante ; la créativité comme moteur essentiel sinon existentiel ; le professionnalisme, car est un artiste, aujourd'hui, celui qui agit et se définit comme tel ; le besoin de sens, voilà au moins cinq analogies qui rapprochent les logiques propres à l'artiste et à l'entrepreneur.

La créativité constitue sans nul doute le premier dénominateur commun à l'artiste et à tout homme d'entreprise, entrepreneur mais également manager, vendeur, producteur et même employé. Inventer, déchiffrer, initier, innover, voilà bien sa raison d'être : inventer de nouvelles techniques, initier de nouvelles visions du monde, déchiffrer son environnement quotidien. Pour déployer cette créativité, l'artiste comme l'entrepreneur disposent de deux éléments : une réalité concrète/un matériau d'une part et une position privilégiée d'indépendance et de liberté – faite de prise de risque maximum – d'autre part. La création artistique se révèle être un modèle privilégié de management jusqu'à devenir, dans certains cas, un partenaire indispensable.

Oscillant entre créativité et rigueur, la condition d'artiste et d'entrepreneur constitue aussi un modèle de professionnalisme particulièrement précieux et pertinent.

Enfin, l'art, vecteur de sens, est un vivier de valeurs audacieuses qui participent à donner une nouvelle vision du monde.

Quelle entreprise, quel entrepreneur, peut-il aujourd'hui se permettre d'y rester indifférent ?

Inventions techniques et innovation

Concrète et matérielle, la création artistique fait écho à l'homme de terrain qu'est un entrepreneur. Plasticien par définition, même lorsqu'il s'agit d'art conceptuel, l'artiste travaille d'abord et avant tout avec des matériaux et des idées. S'il peut acquérir un certain nombre de techniques en école ou en atelier, il est porté à mettre au point ses propres « trucs » pour imposer sa griffe, sa « patte » personnelle.

Les inventions de son temps alimentent bien entendu cette recherche constante et le conduisent à de véritables révolutions, tout comme l'entreprise innovante.

Il y a 40 ans, le peintre Yves Klein mettait au point le bleu « Klein » et imposait ses monochromes absolus. Le scandale de ces toiles, surfaces de bleu parfaitement uni, fit grand bruit en 1960. Que restait-il en effet du savant travail du peintre composant lignes et couleurs ? Et pourtant, aujourd'hui exposés dans les plus grands musées, les « Bleus » de Klein sont aussi les pièces les plus recherchées sur le marché de l'art, atteignant les cotes les plus élevées pour le mouvement des Nouveaux Réalistes dont cet artiste fait partie. Toute œuvre d'art modifie ainsi irréversiblement notre façon de voir le monde, et en particulier de regarder une image. Au-delà de cet exemple, la fascination pour les nouvelles techniques disponibles, commune à l'artiste et à l'entrepreneur, alimente un va-et-vient permanent entre les deux domaines. L'utilisation que fit Alvar Aalto du bois courbé pour dessiner et fabriquer des sièges sans pieds fut une petite révolution dans le design du début du XXe siècle. Inversement, l'invasion des nouvelles technologies dans l'art contemporain a fait éclater le vocabulaire traditionnel des arts plastiques : le terme d'« installation » se substitue à celui de la photographie, de la vidéo, de la sculpture.

Inventeur, l'artiste l'est évidemment face à sa matière première. Certains ont pu cultiver un savoir-faire séculaire, d'autres revendiquer des inventions techniques personnelles, tous déploient énergie et créativité face à leur(s) matériau(x). De la même manière que serait un entrepreneur sans innovation, sans un œil vigilant sur les inventions de son époque ? Ce sont elles, entre autres, qui lui permettent d'imaginer de nouveaux produits, de nouveaux services. Le terreau d'inventivité technique caractérise la création artistique. Sa résonance avec l'entreprise trouve forme dans le mécénat de compétences et le transfert de technologies ou encore dans le mécénat orienté vers la création contemporaine, toutes disciplines confondues, des arts plastiques aux arts vivants.

© Dunod. La photocopie non autorisée est un délit

Liberté et indépendance

L'autre champ commun à l'artiste et à l'entrepreneur est la similarité de leur condition sociale. La liberté d'initiative, l'indépendance et le risque leur sont en effet inhérentes à l'un comme à l'autre. Ce privilège est même leur raison d'être dans la mesure où il est la condition de la création. Créateur d'entreprise ou d'activité, l'entrepreneur revendique aussi bien que l'artiste l'autonomie de ses choix stratégiques et l'indépendance de ses décisions. Pour autant, contrairement à une idée reçue, l'artiste, tout comme l'entrepreneur, ne peut déroger à un certain nombre d'exigences objectives : le temps, l'argent, le « marché », la concurrence.

Artiste et entrepreneur sont ainsi les deux aspects d'une seule et même figure : celle de l'aventurier.

Pour l'artiste, le mécène est ce qu'est le capitalisme, pour l'entrepreneur. C'est sans doute pourquoi, à l'instar de la célèbre famille de banquiers florentins des Médicis pendant tout le XVe siècle, l'initiative personnelle du chef d'entreprise, passionné ou charismatique, reste encore à l'origine de l'engagement d'une entreprise dans le mécénat, en particulier dans le mécénat artistique. Dans la lignée des Rockefeller, Carnegie, Mellon ou encore George Soros et William Hewlett, modèles emblématiques du mécénat privé américain, Bill Gates lui-même (créateur de Microsoft) investit aujourd'hui dans sa fondation entre 4 et 5 millions de dollars chaque trimestre depuis 1999, pour financer entre autres l'installation de programmes internet dans les bibliothèques municipales américaines. Si l'homme se disait trop occupé pour créer une fondation avant le milieu des années 1990, il incarne aujourd'hui « une nouvelle génération de riches qui traitent le don comme un investissement. » (Challenges) Quoiqu'en l'occurrence, le don ne concerne pas exclusivement le registre artistique, il est éloquent de voir l'attraction puissante et nouvelle qu'il exerce sur un manager de tout premier plan. En France, les personnalités de Bernard Arnault ou de François Pinault sont devenues des modèles d'entrepreneurs qui ont fait de leur passion pour l'art un véritable outil stratégique. Le soutien d'expositions internationales (« Matisse-Picasso » en 2002, « Gauguin à Tahiti » en 2003) ou de grands chantiers de restauration par le groupe LVMH met en première ligne de mire son PDG. Bernard

Arnault s'explique régulièrement et très volontiers sur ses actions de mécénat en exposant son investissement personnel, son goût et sa fascination pour l'art. « L'art est la meilleure façon de marquer notre foi en la liberté », affirme-t-il. Quant au projet de fondation d'art contemporain sur l'île Seguin, il tient à l'initiative propre de François Pinault, PDG de PPR et sera constitué de la collection qu'il a lui-même constituée.

La plupart des initiatives artistiques des entreprises, en particulier les opérations de mécénat, reposent ainsi sur la conviction intime de leur PDG.

Beaucoup reste néanmoins à faire aujourd'hui, quoique les entrepreneurs soient de plus en plus nombreux à faire de leur mécénat artistique un véritable outil stratégique et productif. L'entrepreneur n'a pas toujours conscience que l'art lui offre bien plus qu'un simple outil de communication, mais bien une grille d'analyse et de compréhension de son action.

Les marges de manœuvre des entrepreneurs devenant plus étroites, les personnels étant avides de sens et d'ouverture, le champ de liberté qu'offre la création artistique y trouve pleinement sa place, à travers des actions multiples et pas simplement à travers des opérations de mécénat.

Créativité et individualisme, la loi de la concurrence

La créativité propre à l'artiste et à l'entrepreneur répond essentiellement à la prise de risque de leur posture.

Pour l'artiste, cet environnement s'est imposé avec une dureté accentuée depuis la fin du XIXe siècle, comme l'a montré le sociologue Pierre-Michel Menger[1], c'est-à-dire depuis la remise en cause du système des académies et des Salons officiels. En revendiquant son indépendance et sa liberté, l'artiste a aussi trouvé une place sociale nouvelle et beaucoup plus vulnérable : soumise au jugement du public et à une concurrence impitoyable. Pour l'entrepreneur,

1. Pierre-Michel MENGER, *Portrait de l'artiste en travailleur, Métamorphoses du capitalisme*, Seuil, collection La République des Idées, 2002.

© Dunod. La photocopie non autorisée est un délit

celle-ci est intrinsèque à la démarche même de concurrence, surtout à l'heure de la mondialisation.

Dépendants d'un contexte de plus en plus compétitif et concurrentiel, l'entrepreneur comme l'artiste sont condamnés à une créativité constante, condition même de leur survie.

L'instabilité de leur environnement condamne les artistes, les entrepreneurs mais également les managers à une innovation, une remise en question constantes, à une navigation en haute mer par gros temps entre galeristes, collectionneurs et critiques pour les uns, chasseurs de tête, actionnaires, banquiers et consommateurs-clients pour les autres.

À bien y regarder, le marché du travail artistique présente des analogies frappantes avec celui des dirigeants et managers : haute flexibilité, volatilité des postes, pression extrême au résultat. C'est peut-être pourquoi, la cohabitation entre artistes et managers au sein même de l'entreprise semble devenir une nouvelle perspective de gestion des ressources humaines. Dans le secteur du luxe en tout cas, c'est déjà une évidence comme s'en explique Bernard Arnault, PDG du groupe LVMH : « Nos managers doivent avant tout avoir la capacité de gérer cette dualité entre le processus créatif, artistique et la rigueur nécessaire à la fabrication et à la distribution. (...) (Ils) doivent non seulement être très rigoureux mais aussi être habités par un sens créatif. »

Exigence de perfection et professionnalisme

L'artiste est toujours un acharné de la perfection.

Contrairement à une idée reçue, les artistes, y compris les plus déjantés en apparence, ont toujours une obligation de rigueur, de réalisme, de compétitivité. Certes, il leur est primordial de préserver un espace propre à leur création artistique, non soumis aux limites objectives du temps et de l'argent. Par définition, l'art s'affranchit de ces contraintes et c'est bien pourquoi on l'oppose si souvent aux contingences propres à l'économie. Tout artiste impose d'ailleurs ses règles en la matière pour s'épanouir pleinement. Mais ces règles sont provisoires. Il suffit pour s'en convaincre de se souvenir des conflits qui opposèrent si souvent les artistes du passé et leurs commanditaires impatients. Et pourtant, l'artiste n'en est pas moins un « professionnel » par excellence, un acteur qui, tôt ou tard, a rendez-vous avec le jugement du public (ou celui du marché), c'est-à-dire un modèle même, en la matière, pour tout acteur économique.

Combien de dessins préparatoires, d'esquisses, de repentirs, de reprises, de destructions parfois, précèdent la réalisation d'une œuvre ? Qui plus qu'un artiste s'attache à la perfection du travail accompli ? Totalement impliqué dans son œuvre, à titre personnel, l'artiste ne saurait se satisfaire d'un à peu près. Certains sont plus laborieux que d'autres mais tous partagent un même souci proprement existentiel de réaliser « le » chef-d'œuvre, c'est-à-dire l'œuvre indépassable. Cette exigence d'absolu les conduit à expérimenter sans cesse, à multiplier les essais, à tenter toujours de nouvelles techniques, à approfondir leurs connaissances, pour obtenir finalement une œuvre unique. À prendre sans cesse de nouveaux risques ; à ne jamais s'endormir sur ses lauriers.

Le professionnalisme de l'artiste, c'est d'abord cet engagement total dans son œuvre. C'est aussi, dans une moindre mesure, son souci de maîtrise technique. C'est enfin la responsabilité complète et sans appel de son œuvre personnelle à laquelle il ne peut se dérober puisqu'il la signe de son nom et suit sa réalisation de A à Z. Or, la capacité non seulement à prendre mais à assumer des responsabilités multiples, est bien la qualité première du bon manager ou de l'entrepreneur.

Elle trouve une métaphore privilégiée et particulièrement valorisante dans le processus de création artistique. Écrasante ou stressante parfois, la responsabilité managériale trouve à travers l'art un ancrage puissant de motivation et d'ambition d'autant plus solide qu'il est incarné dans des œuvres concrètes, plastiques, palpables, et non seulement verbal, mental ou idéalisé. Qui plus est, une entreprise vivante et saine repose sur l'implication pérenne de ses responsables, dans le suivi des projets mis en œuvre. L'entrepreneur est voué à gérer et à assurer personnellement cette continuité, pour amortir, niveler les renouvellements de personnel ou parer aux aléas économiques et réorientations stratégiques.

Mais le professionnalisme de l'artiste s'exprime aussi, et on l'ignore trop souvent, dans la rigueur de conception et de réalisation de ses œuvres. Le mythe de l'œuvre spontanée, immédiate ne doit

© Dunod. La photocopie non autorisée est un délit

pas faire illusion. « Je ne cherche pas, je trouve », disait Pablo Picasso. Certes, mais combien de dessins pour préparer Guernica en 1937 ? Combien de trouvailles avant l'explosion du cubisme en 1907-1908 ? La rigueur fait partie intégrante de la création artistique au même titre que l'invention pure. C'est d'ailleurs la condition d'une œuvre réussie, aboutie, convaincante, marquante. La démarche artistique oscille constamment entre rigueur et créativité et l'œuvre résulte précisément d'un équilibre fragile et miraculeux trouvé entre ces deux pôles. La bohème anarchique que l'on attribue volontiers à la création artistique est une nébuleuse trompeuse. Elle est trop souvent l'arbre qui cache la forêt, à savoir un travail acharné et une exigence de tous les instants.

Il n'est pas inutile enfin de se souvenir ici que certains artistes se transformèrent en véritables entrepreneurs eux-mêmes, faisant de leur atelier un centre de production contrôlée pour répondre à des amateurs trop nombreux ou à des commandes particulièrement ambitieuses. Ce fut le cas par exemple de l'anversois Pierre-Paul Rubens au XVIIe siècle, sollicité par les plus grandes cours de l'Europe entière. Concepteur prodigieux de cycles décoratifs, il déléguait ensuite partiellement la réalisation à des artistes de son atelier, préalablement formés à sa technique. La célèbre Galerie Marie de Médicis (1621-1626), commandée pour le palais du Luxembourg à Paris, atteste de la réussite de son entreprise. L'histoire de l'art fournit de nombreux exemples d'artistes, et pas des moindres, devenus chefs d'atelier ou d'écoles : Titien, Simon Vouet, Nicolas Poussin, Rembrandt… mais aussi, plus près de nous, Andy Wharol et Jeff Koons…

***

De l'artiste au manager ou à l'entrepreneur, nombre de caractéristiques communes ont pu être mises en lumière : inventivité technique, liberté et indépendance, créativité, individualisme, professionnalisme et responsabilité. L'œuvre d'art propose un vecteur absolument unique des valeurs propres à l'entreprise. Sa matérialité plastique, son processus de réalisation, ses ambitions conscientes et inconscientes, sont autant d'angles de vue possibles. Mais on oublie trop souvent à quel point elle est aussi un modèle structurel de l'entreprise à tous les niveaux. À ce titre, elle mérite une place au cœur même du management et de la stratégie définie par l'entreprise. Si le mécénat ou le recrutement de directeurs artistiques dans les secteurs de la mode, du design, de la publicité, sont des pratiques qui nous sont devenues familières, bien d'autres restent encore à inventer.

Ce défi devrait attirer l'attention et la vigilance des entreprises et de leurs managers dans les années à venir, tant les contraintes économiques contemporaines les renvoient à toujours plus de créativité, d'ouverture, de souplesse. Sans compter qu'il y a là un potentiel prodigieux d'optimisme et d'espoir pour redonner du sens à un système économique qui en manque parfois cruellement.

Chapitre 2

LE MARCHÉ DE L'ART, UN MODÈLE DE MARCHÉ

Parce qu'il est un modèle de marché exacerbé, le marché de l'art permet de mieux comprendre toute la subtilité des mécanismes de l'offre et de la demande.

Offre, demande, formation et variation des prix, cote, courtier, enchères, thésaurisation, spéculation, « krach », etc. ces phénomènes, leurs acteurs et leurs mécanismes, sont à l'œuvre dans tous les marchés de biens et services.

Leur description et leur modélisation a été entreprise par l'analyse micro-économique, branche de la science économique apparue à la fin du XIXe siècle à l'initiative de l'École de Vienne. Au sein de celle-ci, Böhm-Bawerk, Gossen et les autres « marginalistes » ont étudié les processus de production (offre), de demande et de fixation des prix des biens économiques, les biens « rares et utiles ». Par le raisonnement « marginaliste » qui postule la rationalité des comportements – « les échelles de préférences » – des agents, ils ont démontré que, sous certaines hypothèses, notamment de substituabilité des biens et de transparence de l'information, la confrontation de l'offre et de la demande détermine un « prix d'équilibre », autrement dit un prix qui contente les deux parties : l'offreur-producteur qui cherche à maximiser sa marge au-delà de son prix de revient et le demandeur qui recherche le prix le plus bas. Ce prix d'équilibre est obtenu quelle que soit la configuration du marché : monopole, oligopole, concurrence pure et parfaite, etc.

Depuis les origines, les œuvres d'art sont des biens économiques. Le marché de l'art qui s'est structuré et développé depuis une quarantaine d'années nous présente une maquette complète et particulièrement illustrative du fonctionnement général des marchés théorisé par la science micro-économique. Les prix des œuvres d'art atteignent aujourd'hui des sommets, même si quelques « krachs » ont laissé des souvenirs cuisants aux spéculateurs. Désormais, le marché de l'art est-il mûr malgré ces signes d'emballement ?

De l'échange des objets d'art au marché de l'art

Des biens rares et utiles

Affirmons-le d'emblée, l'œuvre d'art est, depuis que l'art existe, un « bien économique », au sens de la science économique, parce qu'elle en a les deux caractéristiques : la rareté et l'utilité.

La rareté provient, au départ, des composantes matérielles intrinsèques de l'œuvre d'art, fruit d'un travail manuel hautement qualifié, lequel résulte d'un long et difficile apprentissage réservé à quelques individus, et réalisé dans des matières elles-mêmes rares et coûteuses. L'art se confond longtemps avec l'artisanat, même si certains maîtres qui se distinguent des autres par leur talent et leur habileté deviennent plus recherchés et peuvent augmenter leurs tarifs en conséquence. Les exemples de chefs-d'œuvre alliant la virtuosité de la main et la somptuosité des matériaux jalonnent l'histoire de l'art : on se bornera à évoquer les marqueteries de marbre du célèbre peintre grec Apelle devant lesquelles les spectateurs étaient persuadés d'être en face de figures et d'objets réels.

Signe de la primauté de l'objet et de la valeur qui lui est attachée, l'œuvre d'art peut être réutilisée par inclusion ou remontage dans une œuvre plus récente, dont elle devient un sous-ensemble. Ainsi, les vases Ming enchâssés à Versailles par les bronziers de Louis XIV et de Louis XV, sont des exemples de ces assemblages qui forment ce que les économistes nomment une « chaîne de valeur ».

Qu'elle soit au premier plan de la nouvelle composition ou qu'elle n'en constitue qu'un ornement, l'œuvre ainsi réutilisée garde son identité, ce qui est bien la reconnaissance de l'intangibilité de sa valeur. En prenant un autre angle d'analyse, n'avons-nous pas là un premier exemple de marketing de composants intégrés dans un produit fini (Intel inside) ?

En langage économique, les « intrants » des premières œuvres d'art, main d'œuvre et matières, ont des coûts très élevés et la production est contingentée par des facteurs objectifs ou par une règle imposée. Sans grand risque de se tromper, on peut affirmer qu'au départ, l'œuvre d'art est d'abord un bien précieux parce que très coûteux à réaliser.

Plus tard, à partir de la fin du XIXe siècle, les « intrants » perdront peu à peu leur importance dans la détermination du prix – et de la valeur – des œuvres d'art, jusqu'à disparaître derrière la seule notoriété et la « signature de l'artiste »[1]. Le déclenchement du désir d'acquisition prendra alors d'autres voies que celle de la mise en évidence de la chaîne de valeur constituée par les « entrants ». L'art « riche » disparaîtra jusqu'à donner naissance à l'art minimal, et même, à l'« art pauvre »[2], appellation paradoxale qui revendique la fin, – mais en même temps légitime –, les caractéristiques antérieures. L'art et l'artisanat emprunteront alors des voies totalement séparées.

La rareté provient aussi de ce que l'œuvre d'art est, depuis toujours, unique et conçue comme telle. Pour les anthropologues, le droit d'auteur serait le plus ancien droit de propriété, bien antérieur à celui sur les terres ou sur les réserves de nourriture, mises en commun par le clan. Dans toutes les sociétés, sa copie est interdite ou strictement encadrée : manifestation d'un tabou, ou réflexe premier d'« homo economicus », soucieux de la conservation de la valeur de l'œuvre qu'il a produite ou acquise ?

Pour la théorie micro-économique, l'utilité d'un bien est sa capacité à satisfaire un besoin humain, quel qu'il soit. On verra dans le chapitre suivant que les motivations de l'acquisition d'œuvres d'art sont multiples et qu'elles varient suivant les individus et avec le temps. L'œuvre d'art est un exemple de bien à utilité multiple, allant de la satisfaction matérielle la plus triviale (accumulation de richesse), à la réponse au désir le plus subjectif (affirmation de soi, droit à la différence).

Les deux faces d'une médaille

Les objets d'art ont été échangés dès que leur possession a été convoitée par d'autres que ceux qui les avaient créés, en prenant, bien sûr, comme hypothèse, qu'il n'y ait pas eu de moyens de se les approprier, autres que l'échange ou l'achat. Tel n'a pas, en effet,

1. Voir chapitre 5.
2. L' « *arte povera* », par exemple, courant incarné par certains artistes italiens de la fin des années 1970 dont Giuseppe Penone est l'un des plus brillants représentants. On citera également les artistes américains et anglais du Pop Art et l'œuvre de l'allemand Joseph Beuys.

© Dunod. La photocopie non autorisée est un délit

toujours été le cas. Depuis l'Antiquité, le pillage et le vol commis au cours de guerres ont permis à leurs vainqueurs sans scrupule de constituer des collections célèbres, les œuvres d'art figurant au premier rang dans les butins convoités. Les cours royales européennes se livrèrent ainsi mutuellement au pillage, ce qui fit changer de pays et de palais princiers des toiles du Titien, de Léonard de Vinci ou de Rembrandt… De même, au cours de la Deuxième Guerre mondiale, profitant de l'avancée des armées allemandes en Europe de l'Ouest, Goering se livra au pillage des collections des plus grands musées d'art de ses capitales.

Un siècle et demi plus tôt, l'une des tâches du Congrès de Vienne (1815) avait consisté à faire restituer par la France les œuvres dont Napoléon s'était emparé au cours de ses campagnes et qui trônaient dans les lieux nationaux les plus prestigieux[1]. Aujourd'hui encore, l'inventaire des œuvres d'art pillées par les nazis dans les collections des juifs, et leur restitution, sont loin d'être terminés et sont encore la source de contentieux.

La vente ou l'échange des œuvres d'art sont aussi anciens que leur production elle-même et lui sont indissolublement liés.

Exceptionnelles par leur aspect unique (rareté) et par leur charge esthétique ou symbolique, souvent reliée à la religion (utilité), les œuvres d'art ont d'abord été acquises par des gens exceptionnels, chefs, dignitaire, prêtres ou par leurs institutions.

Signe de l'importance de tels échanges, aussi loin que remonte l'histoire de l'humanité, des chroniqueurs en ont relaté les circonstances et les conditions, souvent exorbitantes.

On peut citer les efforts déployés par le pape Jules II, dans le but de faire travailler Michel Ange à la Chapelle Sixtine, de François Ier pour s'adjoindre les services de Léonard de Vinci ou ceux de Philippe II d'Espagne pour acheter des peintures italiennes baroques et les accrocher aux cimaises de l'Escorial. À côté de ces stratégies de séduction dont les auteurs sont capables de mobiliser de véritables fortunes, les records enregistrés au cours de ces dernières années par la peinture moderne chez Christie's et Sotheby's font pâle figure.

1. Comme les célèbres chevaux vénitiens de Saint-Marc, fixés au sommet de l'arc de triomphe du Carrousel.

À travers les civilisations et les continents, les puissants et les riches, qui sont très souvent les mêmes, accumulent – « thésaurisent » – les œuvres d'art. Les « trésors » gardés dans les palais et les temples sont les premiers exemples de collections. Elles ont souvent leurs conservateurs, leurs inventaires et leurs répertoires et au-delà du plaisir qu'offre leur contemplation, elles constituent une réserve patrimoniale, un actif de la Couronne ou de l'abbaye. Charlemagne et l'Abbé Suger au Moyen Âge, Louis XIV à l'époque classique, Napoléon lui-même : l'histoire abonde de princes séculiers ou réguliers pour lesquels la possession d'œuvres d'art était un enjeu de puissance et de gloire à nul autre pareil.

Réserve de richesse, capital de puissance, aussi : au long de l'histoire, les œuvres d'art changent de mains à l'occasion d'alliances, traités ou mariages, dont elles constituent une contrepartie.

Mais des échanges épisodiques, même à des prix très élevés, et quand bien même entre personnes de rang social élevé, ne font pas un marché.

Un marché se caractérise par une multiplicité d'offreurs et de demandeurs procédant à leurs transactions à un rythme soutenu. C'est à ces conditions qu'un marché acquiert ce que les spécialistes appellent la « profondeur » ou la « liquidité », autrement dit, la capacité pour le marché d'encaisser des afflux d'offre et de demande sans cesser d'afficher un prix assurant la continuité des transactions.

Quand et comment le marché de l'art a-t-il émergé ?

L'émergence du marché de l'art

Plusieurs facteurs sont à l'origine de l'émergence d'un véritable marché pour les œuvres d'art.

L'élargissement de l'offre, tout d'abord, qui se produit en Europe au XVIIe siècle [1], avec l'apparition des Académies et autres écoles des Beaux Arts, qui contribuent à multiplier le nombre des artistes jusque-là limité, tant par les capacités d'accueil réduites que par la fragilité de l'exploitation des ateliers des maîtres, qui connaissent souvent des passages difficiles, quand ce n'est pas la faillite. Parce

1. En Chine, le mouvement se déclenche dès le VIIe siècle, avec la multiplication des écoles d'art dans l'environnement des cours de Luoyang, Nankin, Chan'An et Pékin.

© Dunod. La photocopie non autorisée est un délit

qu'il dépend moins d'un maître, le jeune artiste pourra faire preuve de davantage d'innovation, allant jusqu'à la rupture avec un style, s'ouvrant à de nouvelles expériences esthétiques et plastiques. La situation plus risquée, mais aussi plus accessible, de l'artiste contribue aussi à attirer des personnalités plus rebelles qui trouveront dans la contestation de l'ordre établi de nouvelles sources d'inspiration.

Confronté à une concurrence plus âpre, l'artiste devra bien sûr séduire d'autres commanditaires et d'autres amateurs, autrement dit et au sens économique du terme, ouvrir de nouveaux marchés et conquérir de nouveaux clients (voir cahier central, p. ii).

Le progrès technique contribuera aussi à l'élargissement de l'offre d'œuvres d'art, avec l'apparition de nouveaux supports, comme la photo, le film, la vidéo, les images numériques, etc.

Du côté de la demande, l'apparition au XVIIIe siècle et l'extension de la bourgeoisie, classe désireuse d'imiter, sinon d'atteindre le style de vie de la noblesse, entraîne la diffusion des pratiques d'acquisition et d'accumulation d'œuvres d'art, naguère apanage exclusif de celle-ci. S'installe alors, en réponse à cette nouvelle demande, la personne du « marchand » (voir cahier central, p. xi), précurseur du « galeriste », commerçant « détaillant » en œuvres d'art achevées, qu'il expose dans un magasin ouvert aux chalands dont le choix et l'acte d'achat sont facilités, le conseil de vente et l'impulsion remplaçant avantageusement le processus moins fluide de la commande à l'artiste. L'admirable tableau de Watteau *L'Enseigne de Guersaint* (voir cahier central, p. viii) est un excellent témoignage de l'ambiance qui régnait dans ces « boutiques de peintures » du Siècle des Lumières où se pressaient les amateurs.

La création concomitante des premiers musées, salons et autres espaces d'exposition ouverts au public diffuse la connaissance des chefs-d'œuvre, accroît leur notoriété et fait naître de nouvelles vocations de collectionneurs. Ainsi le docteur Barnes, américain qui fit fortune dans l'industrie pharmaceutique, rassemblera, de 1920 à 1940, à Philadelphie l'une des plus belles collections impressionnistes, au moment même où les grands musées américains connaissaient un essor sans précédent.

Les premiers vols de pièces majeures font, hélas, aussi leur apparition, preuve, – regrettable – de la valeur qui leur est attribuée.

La Joconde sera volée à plusieurs reprises au musée du Louvre, avant d'être retrouvée, souvent dans des conditions rocambolesques.

Ces mécanismes de développement de l'offre et de la demande sont à l'œuvre dès le milieu du XIXe siècle mais il faudra attendre les années 1960, après que seront passées les grandes crises économiques et les guerres mondiales, pour que s'ouvre l'ère triomphante du Marché de l'art.

Le marché de l'art aujourd'hui

L'explosion de la demande

La consommation d'art est devenue un phénomène de masse. Par consommation, il faut certes d'abord entendre les achats proprement dits d'œuvres d'art. Le nombre de riches – et de très riches [1] – augmentant de façon continue sur la planète, c'est autant d'acheteurs potentiels de plus d'œuvres d'art, susceptibles d'investir une partie de leurs avoirs dans une collection, ou de soutenir un artiste contemporain. En Chine, l'émergence récente d'une classe très riche s'est accompagnée d'une vague de création de galeries et de centres d'art contemporain sans précédent dans les centres hyper capitalistes que sont devenues Pékin et Shanghai. Les artistes chinois contemporains vivant, – fort bien – des acquisitions de ces « nouveaux riches », se comptent par centaines et la plupart étaient inconnus il y a cinq ans. Les achats d'œuvres d'art dans les grands pays sont, du reste, fortement corrélés à l'évolution des marchés financiers : quand la Bourse va, l'art va !

Mais la consommation d'œuvres d'art emprunte des voies nouvelles ; à défaut d'achat, c'est le recours à l'organisation de leur contemplation par les procédés les plus divers mais tous en très forte croissance : édition de reproductions (livres d'art, cartes postales), expositions permanentes ou temporaires, ouverture de lieux à la visite, tourisme culturel, audiovisuel (programmes consacrés à l'art, chaînes culturelles), etc. Ces activités ont désormais un poids économique considérable et ont entraîné le développement d'initiatives et

1. Chaque année, le magazine américain *Forbes* estime le nombre de riches sur la planète. En 2004, le nombre de millionnaires en dollars dépassait 25 millions d'individus.

© Dunod. La photocopie non autorisée est un délit

de compétences nouvelles. La plupart des écoles de management offrent désormais des formations au « management de la culture et des industries culturelles ». Le service commercial du Louvre compte trois anciens élèves d'HEC.

Le patrimoine artistique perçu naguère comme un fardeau du fait de ses frais d'entretien et autres sujétions, est devenu un atout économique qu'il convient de valoriser et d'exploiter. Si la France est la première destination touristique du monde, c'est d'abord à son patrimoine artistique exceptionnel qu'elle le doit. En Chine, aujourd'hui, la création *ex nihilo* de deux cents musées d'art plastique dans les plus grandes villes, entraîne un flux d'acquisitions qui fait flamber les cotes des artistes en vue.

En France, avec l'explosion des foires à la brocante et autres « vide greniers », ne voyons-nous pas naître un « marché de l'art des objets moyens pour les classes moyennes », qui mime le marché de l'art, même si le moteur principal y est la « chasse au trésor » et non la recherche d'une émotion esthétique ?

Des acteurs et outils performants

La transparence et l'égale diffusion de l'information sont nécessaires au bon fonctionnement de tout marché. Le marché de l'art s'est doté progressivement des bonnes pratiques garantissant son efficience. L'émergence des ventes aux enchères d'œuvres d'art en est la première manifestation. Le marché est dominé par deux acteurs de poids, Christie's et Sotheby's, qui développent des services de recherche, d'analyse et de gestion de l'information sur les objets et sur les transactions, et de marketing « *side selling* », à l'instar des grands prestataires des marchés de capitaux (*brokers*, *investment banks*)[1]. Dans tous les pays développés, des réglementations ont progressivement garanti l'exactitude de la description des objets par les offreurs, sous leur responsabilité et celle des experts et des commissaires-priseurs. La fluidité des échanges est souvent assurée par des courtiers, rémunérés à la commission, comme sur n'importe quel marché financier ou de matières premières.

1. Ces maisons offrent également des services financiers : avances, garanties, etc., dont la gestion peut s'avérer délicate.

Héritiers des anciens marchés forains, les foires d'art contemporain se sont multipliées depuis les années soixante-dix : Foire internationale d'art contemporain de Paris (FIAC), Foire de Bâle (Suisse) et sa jumelle de Miami (Miami-Bäsel), Freeze Art Fair de Londres. L'unité de lieu permet aux acheteurs de faire en quelques heures le tour d'une sélection d'œuvres importantes et uniques, les galeries participantes s'efforçant de présenter des pièces exceptionnelles, certaines encore non apparues sur le marché. Comme sur une criée au poisson, les premières minutes de ces marchés, en général réservées aux meilleurs clients, se déroulent dans la fièvre et enregistrent l'essentiel des transactions.

Le développement des nouvelles technologies de l'information, notamment Internet, a permis d'offrir de nouveaux services, comme la consultation en ligne de catalogues ou l'enregistrement d'ordres d'achat, mais elle a surtout ouvert les portes du marché de l'art à de nouveaux acteurs : diffuseurs d'information en ligne (Art Price), places de marché (Ebay). Cette dernière a bouleversé l'économie des commerces d'œuvres d'art, antiquaires et galeries : des milliers ont fermé leurs portes pour y ouvrir un espace virtuel.

Des hausses vertigineuses

Sur le marché de l'art, la multiplication de l'offre devrait entraîner une baisse, à tout le moins une stabilisation des prix. Des prix très élevés devraient être l'apanage des artistes ayant très peu produit, or tel n'est pas le cas. Les multiples de l'américain Jeff Koons, par exemple, atteignent une cote très élevée. Picasso a énormément produit et le prix de ses œuvres ne cesse pourtant d'augmenter.

Les œuvres d'art sont des biens affectés par ce que la théorie micro-économique qualifie « d'effet Veblen ».

En principe, sur un marché déséquilibré par une offre supérieure à la demande, la baisse des prix permet un retour à l'équilibre par un enchaînement en deux temps : ayant abaissé ses prétentions, le producteur-offreur écoule sa production au prix que le client-demandeur accepte de payer. Dans un deuxième temps, le producteur réduit sa production, ce qui contribue à rééquilibrer à son profit le rapport de forces, partant, d'enrayer ou de limiter un nouveau cycle de baisse de ses prix.

© Dunod. La photocopie non autorisée est un délit

L'économiste et sociologue américain Thorstein Veblen[1] a démontré que dans certains cas, loin de réfréner l'ardeur des acheteurs, les hausses de prix les attisaient, la demande étant en quelque sorte immunisée de l'effet de refroidissement correspondant postulé par la théorie classique. Le moteur de l'effet Veblen est le snobisme ou désir de se démarquer de son voisin du consommateur de la « classe des loisirs » : plus le prix d'un bien est élevé et plus ce bien sera recherché. Le marketing des produits de luxe a appris de longue date à jouer de cette exception comportementale qu'il qualifie de consommation ostentatoire.

L'effet Veblen doit être distingué du mécanisme de spéculation à la hausse, qui peut pousser un acheteur à prendre ou à augmenter une position d'achat en escomptant la poursuite de la tendance haussière.

Si un milliardaire de la surface de Bill Gates ou Warren Buffet avait acheté les dix tableaux qui ont atteint les enchères les plus élevées de ces dernières années, il aurait dû débourser une somme de 560 millions d'euros. Ce montant astronomique illustre la croissance vertigineuse du prix des œuvres d'art et notamment de la cote des artistes les plus réputés.

2004 a vu battre à New York le record absolu de prix d'un tableau et d'une œuvre d'art en vente publique quand un collectionneur anonyme a payé 104,17 millions de dollars, soit 84 millions d'euros, le *Garçon à la pipe* de Picasso, pièce maîtresse de la collection Whitney. Pour la première fois, un tableau a dépassé la barre des 100 millions de dollars.

Dans ce palmarès, dominent les deux artistes considérés comme les plus représentatifs de l'art moderne : Picasso et Van Gogh.

La présence avec Rubens d'un seul exemplaire de peinture ancienne ne signifie aucunement que celle-ci ait une cote moindre. Tout simplement, la quasi-totalité des chefs-d'œuvre correspondants sont conservés par des musées et les mises sur le marché sont rarissimes.[2]

---

1. Il vécut entre 1857 et 1929, et son ouvrage de référence est *Theory of the leisure class* (1899).
2. Outre le Rubens cité, l'année 2004 a enregistré deux records de prix en peinture ancienne : les 32,5 millions d'euros payés par la National Gallery de Londres pour acquérir la *Vierge aux œuillets* de Raphaël ; les 24,4 millions d'euros atteint par la *Jeune fille assise au virginal* deVermer, mort en 1675 à 43 ans et qui n'a peint que 36 tableaux.

RECORDS INTERNATIONAUX (PEINTURE)

Artiste	Titre	Prix (millions d'euros)	Année	Maison de vente
Picasso	Garçon à la pipe	84	2004	Sothebys's New York
Van Gogh	Portrait du docteur Gachet	66,5	1990	Christies New York
Renoir	Moulin de la Galette	62,9	2002	Sothebys's New York
Rubens	Le Massacre des innocents	61,8	2002	Sothebys's New York
Van Gogh	Autoportrait sans barbe	57,6	1998	Christies New York
Cézanne	Rideau, nappe et compotier	48,7	1999	Sothebys's New York
Picasso	Femme aux bras croisés	44,3	1987	Christies New York
Van Gogh	Les Iris	43,4	2001	Sothebys's New York
Picasso	Les Noces de Pierrette	41,4	1989	Binoche-Godeau Paris
Picasso	Femme assise dans un jardin	39,9	1999	Sothebys's New York

Source : maisons de ventes aux enchères

La hausse généralisée exprime une tendance, mais elle n'empêche pas les accidents de parcours. Sur le marché de l'art, comme sur tous les marchés, ils ont deux causes, la malhonnêteté et la spéculation. Le premier exemple de déviance est la production et la commercialisation de faux, qui peut prendre la forme plus sournoise de l'excès de production de séries (gravures, estampes, tirages). Le scandale de la multiplication abusive des estampes de Salvador Dali dans les années soixante-dix, ou plus récemment les doutes exprimés sur les bronzes d'un célèbre sculpteur, aujourd'hui décédé, rappellent les précautions élémentaires dont les amateurs doivent faire preuve face à des individus sans scrupule.

© Dunod. La photocopie non autorisée est un délit

Comme exemple de « krach » ponctuant une spéculation excessive, on retiendra la flambée des prix des vases de Gallé, poussés par les acheteurs japonais dans les années quatre-vingt, qui se solda par une baisse d'environ 90 % dans les années quatre-vingt-dix, et par la quasi disparition des transactions sur ces chefs-d'œuvre de l'École de Nancy.

***

Le marché de l'art, qui a émergé depuis une quarantaine d'années, offre une collection complète d'illustrations des thèmes abordés par la théorie des marchés : offre, demande, formation des prix, conditions d'efficience, fixation d'un équilibre, etc.

Après une longue traversée de l'histoire, marquée par la rareté des échanges et le caractère exceptionnel des œuvres échangées, le marché de l'art est devenu un marché liquide, ouvert à toute la société dans les économies développées, même si l'on doit faire la différence entre le segment des transactions majeures et la masse des échanges portée par la vogue des nouvelles « consommations » culturelles (éditions d'art, musées, expositions, tourisme culturel, etc.).

Il est indéniable que le marché s'est emballé, comme le démontre l'explosion du prix des œuvres phares échangées de gré à gré ou en ventes publiques.

Si l'effet « Veblen », ou effet de snobisme, explique l'attrait croissant exercé sur un nombre d'acheteurs lui-même en hausse, par des biens au prix toujours plus élevés, ou totalement décorrellés par rapport aux coûts de leurs « intrants », d'autres explications sont à rechercher du côté de la sociologie ou de la philosophie qui sont abordées dans le chapitre suivant.

Car l'art, même si son marché exacerbé possède toutes les caractéristiques des marchés classiques, n'est pas une marchandise comme une autre.

Chapitre 3

L'ACTE D'ACHAT D'UNE ŒUVRE D'ART

Même s'il n'y a rien de comparable entre l'achat d'un abonnement au téléphone portable et celui d'un tableau de Monet, il s'agit bien, dans les deux cas, d'un acte d'achat.

Et les facteurs qui président à l'achat d'une œuvre d'art permettent de mieux comprendre les mécanismes de l'acte d'achat en général, de la nécessité jusqu'au désir.

Pourquoi le collectionneur achète-t-il ?

Désir de se faire plaisir ou « nécessité d'être » ?

L'achat d'une œuvre d'art affranchit son auteur des contingences matérielles objectives du quotidien et du nécessaire ; il relève à la fois du loisir, du temps « libre », mais plus profondément du désir pur : pour le collectionneur, acheter un tableau est à la fois l'acte le plus inutile et le plus indispensable qui soit. C'est là son premier attrait. Fondamentalement, il est destiné à satisfaire un appétit esthétique, une soif de beauté, une proximité avec l'artiste mais aussi une reconnaissance.

À défaut de devenir soi-même plus beau, on embellit son propre fort intérieur, et par extension, sa propre vie.

Il répond aussi à une recherche de sens et d'absolu. Passionné, le collectionneur donne du sens à son existence à travers l'accumulation de chefs-d'œuvre ; il s'accomplit grâce à eux. Car l'œuvre d'art a ceci de particulier qu'elle est unique. En s'en portant acquéreur, on s'approprie un peu de cette exclusivité, pour devenir soi-même unique en possédant ce que personne d'autre ne peut avoir, et que, souvent, un grand nombre convoite. La rareté fait de l'achat d'une œuvre d'art le luxe absolu et justifie, parfois, un coût extrême, « hors de prix » car « hors de raison ». Acheter une œuvre d'art, c'est aussi défier le temps et gagner un peu d'éternité. La durée de vie d'une œuvre dépassant celle de son créateur mais aussi celle de son acheteur, elle prolonge son histoire, elle inscrit ce dernier dans l'Histoire. L'auteur même de l'œuvre, sa renommée, son aura, son statut de vedette attire indubitablement l'acheteur. C'est un peu de la personnalité de l'artiste qu'il s'approprie à travers son œuvre, si minime soit-elle, quitte à s'identifier à lui.

Il y a enfin un désir évident de posséder qui préside à tout achat d'œuvre d'art, sans lequel tout collectionneur se contenterait de visiter les musées ! Il faut, ici et maintenant, *avoir* pour devenir, pour *être quelqu'un,* probablement, pour conjurer la mort, plus sûrement. L'instinct de possession comme ultime expression de l'instinct de survie reste un dénominateur commun fondamental qui fait du collectionneur un joueur prêt à tout perdre, pourvu qu'il ne soit pas obligé à quitter la table de jeu.

Subjectivité du prix et qualité objective de l'œuvre

Du plaisir pur à la beauté, de la recherche de sens à l'unicité, du désir d'atemporalité à la possession, l'achat d'œuvre d'art est motivé par des facteurs exclusivement subjectifs, à la différence de l'achat d'un simple produit ménager ou celui d'une voiture.

Le rapport qualité prix n'existe pas dans l'achat d'une œuvre d'art. S'y substitue le rapport plaisir prix, la conviction d'acquérir « un nom » qui, lui, vaut quelque chose parce que le marché l'a décidé ainsi.

Le bénéfice retiré de cet achat sera d'autant plus grand que le prix n'aura aucun rapport avec les caractéristiques « objectives » de l'œuvre, bien souvent réduite à quelques grammes de couleur sur une toile. Et ce bénéfice escompté relève tant de l'avoir que de l'être, comme nous venons de le rappeler. Le rôle principal de la collection, toutes époques confondues, selon Kryzsztof Pomian, « est celui de lien entre l'invisible et le visible »[1], c'est-à-dire entre le rêve et la réalité, l'idéal et le matériel, l'être et l'avoir.

Critères de choix éminemment subjectifs, maximisation du désir et du plaisir de posséder, indifférence au rapport qualité/prix,

1. Krzysztof POMIAN, *Collectionneurs, amateurs et curieux : Paris, Venise XVIe-XVIIIe siècles*, Gallimard, 1987, p. 12.

investissement plaisir, mais aussi investissement financier : lorsqu'on essaie d'analyser les motivations propres à l'achat d'œuvre d'art, on constate toutefois qu'elles sont moins éloignées qu'on le croit des mécanismes d'achat en général.

Car dans tout achat, fût-ce pour les biens les plus nécessaires, il existe aussi une composante « plaisir ».

Et c'est même là que le producteur peut justifier d'une valeur ajoutée incorporelle, celle-là même qui permet aux entreprises de survivre.

L'achat libre et subjectif

Comment faire du consommateur un « collectionneur de produits » ?

Ce devrait être le rêve de tout producteur de biens ou de services : faire du client un collectionneur, c'est-à-dire un « accro » !

Car l'acte d'achat est d'autant plus facile à déclencher qu'il est motivé par le plaisir ; faire sortir le consommateur de la comparaison entre les prix et les avantages comparatifs des divers produits présents sur le marché : tel est l'objectif des marques ; tel est l'objectif des artistes et de leurs marchands.

Si l'achat d'œuvre d'art reste l'apanage d'un cercle relativement restreint d'initiés et conserve une connotation élitiste, il n'en illustre pas moins la place de la marque, de la valeur incorporelle, dans tout acte d'achat d'une œuvre d'art.

S'il n'est effectivement pas à la portée du plus grand nombre et se distingue ainsi de l'achat en général, ce n'est pas tant en raison des montants financiers engagés mais plutôt à cause de la marge de liberté mise en œuvre, qui apparente les collectionneurs aux adeptes des marques prêts à y succomber quelqu'en soit le prix, au besoin en cassant leur tirelire. « Contrairement à ce que certains croient, le collectionnisme n'est pas un passe-temps de riches, son histoire prouve le contraire, bien que la fortune ne soit pas nécessairement un handicap. Les exemples foisonnent où le collectionneur est plus passionné que huppé », constate l'historien d'art Pierre Cabanne[1].

1. Pierre CABANNE, *Les Grands Collectionneurs du Moyen Âge au XIXe siècle*, Editions de l'Amateur, 2003, p. 11.

© Dunod. La photocopie non autorisée est un délit

La publicité détourne parfois le produit en œuvre d'art

Le collectionneur fait montre d'une initiative active et libre, qu'il exerce une démarche profondément personnelle et individuelle en se portant acquéreur d'une œuvre : « une sagace convoitise, l'instinct de la découverte, l'attrait de l'aventure, l'émotion de la possession, mais également les hasards et les risques de la chasse »[1], témoignent de sa capacité à prendre des risques et à les assumer en toute liberté. Ce privilège est une condition à ce que l'achat puisse lui procurer les « bénéfices » attendus : « avoir » plus pour « être » plus. D'ailleurs, la fascination qu'exercent ces figures de collectionneurs fournit à la publicité un argument en or. Celle-ci va parfois jusqu'à assimiler directement le produit promu à une œuvre d'art, faisant du même coup de l'acheteur un amateur/collectionneur. Moët et Chandon a lancé en 1995-1996 une campagne d'affichage qui juxtaposait par exemple une palette de peintre et une toile de Mondrian, une forêt d'automne et un jardin à la française, le tout pour illustrer son savoir-faire sous le slogan « de la nature à l'œuvre », autrement dit le champagne était comparé à la perfection d'une œuvre d'art, élaborée avec science à partir d'éléments naturels. En 1997, une affiche pour la marque Nina Ricci mettait en scène un mannequin perché sur un socle aux côtés d'une sculpture, faisant de celle qui porterait les vêtements de la ligne une future œuvre d'art. « *Mona Lisa, 77 centimètres, le chef-d'œuvre* » cautionne la Lupo de Volkswagen en 1998 des plus hautes qualités puisque « *la grandeur n'est pas une question de taille* ». Dès 1988, les confitures Bonne Maman s'affichaient dans des compositions de nature morte imitant celles de Jean-Siméon Chardin ou Paul Cézanne. En 2000, Perrier, au nom de « *L'eau, l'art, la vie* », dispose carrément ses bouteilles sur un socle, dans une salle de musée d'art moderne (voir cahier central p. iii). Le produit est plus encore qu'une œuvre, une œuvre consacrée par son exposition dans un musée. Or en même temps que le produit est érigé en œuvre d'art ou de collection, c'est le consommateur qui est glorifié en collectionneur et accède ainsi au prestigieux cercle d'initiés, capables non seulement d'apprécier la valeur des œuvres mais aussi de sacrifier leur richesse à leur acquisition. « L'achat d'œuvres d'art est une des opérations qui, transformant l'utilité en

1. Pierre CABANNE, *op. cit.*

signification, permet à quelqu'un (...) d'occuper une position haut placée dans (l'échelle) du goût et du savoir. (...) Il équivaut à l'acquisition d'un billet d'entrée dans un milieu fermé. »[1]

L'achat créatif

À défaut d'être artiste !

Autre forme de réplique à la pression publicitaire, un nouveau mécanisme déclencheur de l'achat s'est fait remarquer ces dernières années que l'on pourrait qualifier de « fantasme créatif » et qui rejoint singulièrement une motivation propre à l'achat d'œuvre d'art.

À travers le panel de marques achetées, le consommateur revendique une conscience plus aiguë de ses choix et une créativité dans la dispersion. Il s'apparente ainsi à un artiste, créateur de sa propre vie. Dans le grand magasin le plus chic de Paris, le Bon Marché, l'espace homme, « Balthazar », propose ainsi à ses clients des « *créations pour créateurs* » selon la campagne publicitaire de 1999-2000 : l'homme de Balthazar, c'est-à-dire le consommateur ciblé, n'est rien moins qu'un artiste dans son atelier ! Le phénomène n'est d'ailleurs pas exclusif à la mode mais se traduit également dans les autres secteurs. Il met en lumière un mécanisme déclencheur d'achat plus récent et de plus en plus important : le rêve de s'inventer soi-même à travers ce que l'on achète, de faire de sa vie et de soi-même une œuvre d'art à part entière.

Du luxe à la grande consommation

Proposer un état d'esprit, un mode de vie, une vision du monde, en lieu et place d'un simple produit, vêtement, voiture, boisson ou même biscuit, tel était bien jusqu'alors le pré carré du luxe, un privilège absolu. « La marque de luxe est charismatique : elle veut toucher ses adeptes « personnellement », sans intermédiaire. Par son pouvoir d'illusion, le marketing a à charge de faire croire à cette immédiateté, à la spontanéité de la relation entre la création et le marché », rappelle A-S Trebuchet-Breitwiller, consultante BBA-Brand

1. Krzysztof POMIAN, *op. cit.*, p. 53.

© Dunod. La photocopie non autorisée est un délit

Behaviour Assets[1]. Ce procédé a conquis le marketing en général. Il transforme l'achat d'un produit utile en acquisition élargie d'une philosophie de vie, il légitime l'achat impulsif, instinctif, d'adhésion à un univers global ; il amplifie le contenu de l'achat proprement dit en y introduisant la variable plaisir-séduction. En somme, il lui confère la richesse et l'envergure de l'achat d'une œuvre d'art, qui bien souvent repose lui aussi sur le « flair » du collectionneur. « La place du consommateur s'est d'ailleurs nettement modifiée. Jusqu'à présent, il était confronté à une offre de masse au sein de laquelle il effectuait un non-choix. Nous voulons lui offrir la liberté de choisir en fonction de sa propre sensibilité », constate Frédéric Beuvry, directeur Design Corporate, Groupe SEB.

La quête de la pièce unique – celle qui, tout à la fois, me différencie des autres, tout en signant mon appartenance au petit club des initiés, collectionneurs du même artiste, n'est autre que celle de l'œuvre d'art.

En somme, l'acte d'achat se veut aujourd'hui créatif et sésame d'un univers privilégié, celui de la marque. Il offre une véritable métaphore de l'achat d'œuvre d'art en identifiant l'acheteur à un collectionneur, voire à l'artiste lui-même et, mieux encore, à son œuvre !

L'achat plaisir, voie royale du marketing sensoriel

Le facteur « plaisir » est par ailleurs déterminant dans le passage à l'acte d'achat.

Quel que soit l'objet de convoitise, l'acheteur sera d'autant plus actif qu'il aura le sentiment de se faire plaisir et pas seulement de faire acte utile en répondant à un besoin.

En outre, la multiplication de l'offre et l'abondance des produits technologiques redonnent aux arguments de séduction toute leur place : couleur, toucher, bruit, ergonomie. La qualité intrinsèque du produit étant devenue moins lisible, c'est la qualité perçue, sensorielle, qui prime désormais dans le passage à l'acte d'achat. Mais qu'il s'agisse d'une œuvre d'art ou d'un caddie hebdomadaire, le climat le

1. In *Beaux Arts Magazine*, hors-série n° 8, septembre 2003.

plus propice à l'achat est un climat de plaisir, de bien-être et de détente, détaché du quotidien et de ses limites, temporelles et financières. Le marketing sensoriel satisfait les sens avant d'avancer des arguments objectifs. Quel grand magasin ne propose pas aujourd'hui plusieurs restaurants à budgets variables, des canapés de repos, voire des séances de massage ? De leur côté, les centres Leclerc ont installé dans leurs espaces de vente des bornes d'écoute musicale, grâce à des CD produits par eux-mêmes. L'idée est bien sûr de prolonger au maximum la durée d'exposition à la tentation mais aussi de transformer les « courses » en un divertissement inoubliable, bref d'en faire oublier aussi bien la corvée que la dépense !

L'achat affectif

Dans le registre des émotions impliquées dans l'acte d'achat, l'affectif n'arrive pas en dernier. L'attachement à une marque, donc la fidélisation du client, dépend en effet d'une relation de confiance durable. Celle-ci ne repose pas uniquement sur la fiabilité des services proposés mais aussi sur leur personnalisation. « Aujourd'hui, nous cherchons à donner des réponses sensibles, proches des aspirations d'un individu, on ne s'adresse plus à des consommateurs de manière globale », assure Frédéric Beuvry, directeur Design Corporate, Groupe Seb. Plus l'acheteur est impliqué dans une relation personnalisée, donc affective, avec son fournisseur, plus il répugne à en changer, investi qu'il est d'une forme d'obligation morale. Le principe est simple et n'échappe pas aux rouages du marketing, en particulier du marketing hors média. Ce dernier privilégie massivement les opérations permettant de renforcer la relation client et d'impliquer d'emblée le consommateur dans une relation directe. En croissance nette, il représente aujourd'hui les deux tiers des dépenses de communication des annonceurs.

Si la notion de réseau de confiance a une réalité, c'est bien dans le marché de l'art, auquel on reproche même de fonctionner en circuit fermé sur son seul réseau d'initiés. Il est un fait que le bouche à oreille est l'un de ses ressorts majeurs. La relation qui se noue entre un amateur et son marchand, ou un artiste, implique plus fortement que toute relation client un facteur affectif et de confiance. Ivan Morosov et son marchand Ambroise Vollard, Sergueï Chtchoukine

© Dunod. La photocopie non autorisée est un délit

et le peintre Matisse, Daniel-Henri Kahnweiler et Alphonse Kahn... offrent des modèles exemplaires de cette relation privilégiée de fidélisation au marché le plus élargi.

L'achat rêvé

Se réinventer soi-même à travers l'achat

Dans tout acte d'achat, il y a un défi aux contingences du temps et de l'argent, un affranchissement libératoire par rapport à la réalité. Personne n'est dupe de la dépense financière mais tout acheteur aspire à travers elle à une autre réalité, à une reconnaissance, à devenir quelqu'un, sinon quelqu'un d'autre. Même lorsqu'il se rend chez un hard discounteur, un consommateur éprouve désormais la satisfaction de trouver là « de bons produits moins chers que ceux à marque », c'est-à-dire des produits bénéficiant d'un statut de plus en plus voisin de celui des grandes marques proprement dites.

Car acheter, c'est aussi donner du sens à son achat.

Pierre Cabanne insiste sur cette quête de sens, ce désir de compensation, voire de revanche, inhérent au collectionneur : « Des études sérieuses ont montré que les petits pays (Belgique, Suisse), les hommes de courte taille, les minorités religieuses ou ethniques (protestants, israélites) ou sociales (célibataires, veufs) sont plus précisément enclins à compter des « francs grippés » »[1], c'est-à-dire des collectionneurs (voir cahier central p. iv). Le docteur Barnes, qui avait fait fortune en inventant un antibiotique, souffrit du mépris des élites intellectuelles et culturelles de son époque. Acheteur des plus grands peintres impressionnistes comme de masques africains, il fut moqué dans ses choix et nourrit un besoin de revanche sociale aigu. C'est pourquoi, il décida de faire de sa collection d'œuvres d'art un outil éducatif à l'usage de tous, riches ou pauvres et noirs ou blancs en particulier : accès gratuit mais limité aux amateurs d'art sincères, accrochage didactique et volontairement éclectique, interdiction de déplacer les œuvres de leur disposition d'origine dans sa villa de Mérion, près de Philadelphie... Il ne serait probablement

1. Pierre CABANNE, *op. cit.*

pas insensible à la reconnaissance que lui témoignent les milliers de visiteurs annuels de sa fondation.

Rêver sa vie, acheter son rêve, vivre son achat

Mais ce rêve d'accéder à une réalité autre, plus satisfaisante que celle du quotidien, se cache derrière tout acte d'achat. À défaut de rendre plus heureux, ce que l'on possède nous façonne au regard des autres et alimente un fantasme de vie rêvée et de statut acquis. Ainsi l'acheteur d'un accessoire d'une grande maison de luxe se procure-t-il sciemment le vertige d'avoir accès au luxe, quand bien même il n'en aurait pas les moyens. Les jeunes de nos banlieues qui arborent casquettes Lacoste et baskets Nike ne reculent pas devant la dépense, très conséquente, de ces produits de marque, considérant que la contrepartie symbolique en vaut largement la chandelle : une reconnaissance sociale, une appartenance identitaire à un groupe, une revanche en somme, sur la grisaille du quotidien. Bernard Barré, fondateur de l'agence de design Barré & associés, insiste : « Chaque produit est un scénario de vie ».

Dans notre environnement en pertes de valeurs, le facteur rêve prend une importance croissante, métaphore d'une vie que l'on ne vit pas et à laquelle on aspire néanmoins de toutes ses forces. Il porte une exigence puissante de sens, de mieux être qualitatif, et ne peut se satisfaire de valeurs factices ou superficielles. C'est pourquoi il rejoint l'un des moteurs qui prévaut à l'achat d'œuvre d'art par un collectionneur.

***

« Depuis septembre 2001, le monde a radicalement changé, notre univers aussi », précise Bernard Arnault, PDG du groupe de luxe LVMH. « Les clients cherchent l'authenticité et la qualité, ils veulent moins de show off. »[1] Les mécanismes de l'acte d'achat reposent en effet non seulement sur la qualité du service ou produit proposé, la fiabilité de la marque et son rapport qualité prix, mais aussi, et c'est plus nouveau, sur des facteurs éminemment subjectifs comme nous venons de le souligner : les facteurs de liberté, de

1. Entretien paru dans *L'Express*, 16 février 2004.

© Dunod. La photocopie non autorisée est un délit

personnalisation, de créativité, d'exclusivité, de plaisir, de rêve sont puissamment mis en jeu. Il s'agit de plus en plus de « vendre du rêve, de l'hyper réel pour faire acheter du réel ». Les marques « proposent aux consommateurs un style de vie, une attitude ou des valeurs pour mieux affronter la vie » déclare Françoise Dassetto, Présidente du cabinet de conseil en marketing White Spirit dans un entretien au *Figaro Entreprises*[1].

En achetant, non seulement j'acquiers un bien mais je deviens quelqu'un, pourrions-nous résumer. Se penchant sur cette tendance, le magazine *Econovateur* pointait, non sans une pointe d'ironie critique, l'apparition récente d'un marketing du sens (« Je donne un sens à ma vie ») après le règne du marketing de l'ego (« Je suis le plus beau »). La publicité, qui ne peut plus se contenter de « convaincre », doit « séduire » au moyen d'arguments plus éthiques ou philosophiques, bref à la fois suffisamment vagues et idéalisés pour ménager liberté et créativité du consommateur, et en même temps précis pour identifier la marque, son esprit, « son âme », sans confusion possible.

Et toute la difficulté est bien là, dans ce juste équilibre à trouver entre notre soif d'aventure et notre besoin permanent de réassurance.

Précisément, le collectionneur propose, en la matière, un modèle unique. Acquérir pour devenir, posséder pour être quelqu'un, s'identifier à l'artiste comme on s'identifie à une marque : l'achat d'œuvre d'art met en lumière mieux que tout autre le mécanisme fondamental de l'acte d'achat.

1. In *Le Figaro Entreprises*, « Et vous, vous aimez les marques ? », 26 avril 2004.

« Le collectionneur d'œuvres d'art n'est pas un investisseur »

Entretien avec François Duret-Robert

Journaliste, spécialiste du marché de l'art et de sa législation [1]
Chargé d'enseignement à l'Université Paris-Dauphine
et à l'École du Louvre

Grand spécialiste mais surtout passionné du marché de l'art, vous avez fréquenté de près ou de loin tous ses acteurs, en particulier les collectionneurs. Vous avez par exemple publié un long entretien avec Maurice Rheims en 1993. Ce sont les collectionneurs entrepreneurs qui m'intéressent aujourd'hui, du couple Pinault à Karl Lagerfel, de Hubert de Givenchy à Bernard Tapie, quel profil dressez-vous de ces acheteurs d'œuvres d'art pas tout à fait comme les autres ?

Il y a autant de collectionneurs que de personnalités ! Et puis je suis partie prenante de ce petit monde, étant collectionneur moi-même, à mon échelle ! Ce qui est clair c'est que la passion authentique est contradictoire avec l'investissement, la folie spéculative des années 1980 l'a bien montré. Quand on achète pour investir, on se comporte soit en spéculateur pur, soit en père de famille. Le collectionneur passionné lui, achète des œuvres encore peu chères, peu valorisées, donc à risques. Chaque collection est un peu le miroir de son constructeur : un très bel ensemble XVIIIe chez Monsieur de Givenchy témoigne d'un goût très sûr ; chez Monsieur Tapie, il trahit aussi un profond complexe culturel, un désir de revanche. Karl Lagerfeld, artiste de son état, revendique une très large culture personnelle à travers ses choix.

Ces collections d'entrepreneurs ne se distinguent donc pas des autres ?

Elles se distinguent pour une raison très simple : les chefs d'entreprise ont en général plus de 40 à 50 ans. La plupart d'entre eux sont assez dépassés et plutôt indifférents face à l'art contemporain. Ils s'intéressent plus naturellement au patrimoine ancien. Ceci dit, les collections d'entrepreneurs ont beaucoup évolué : les cas exemplaires de Bernard Arnault et François Pinault montrent des mécènes qui se veulent en accord avec leur temps et s'emparent volontiers de l'art contemporain. C'est assez remarquable.

Quel regard portez-vous sur l'implication des entreprises mécènes auprès des institutions, en particulier pour les aider à acquérir les œuvres inscrites sur la liste des Trésors Nationaux ?

1. François DURET-ROBERT, *Droit du marché de l'art 2004-2005*, Dalloz, 2004.

© Dunod. La photocopie non autorisée est un délit

Le patrimoine a vocation à réunir de manière inaliénable l'ensemble des œuvres d'art les plus significatives. Le paradoxe, c'est que les musées ont tendance à se comporter un peu comme des collectionneurs abusifs. Je veux dire que je me comporte comme eux : je vois cette pièce passer en vente, je sais que j'ai déjà mieux dans ma collection mais je ne peux m'empêcher de tout faire pour m'en porter acquéreur. C'est un peu vain. Mais les participations volontaires des entreprises pour aider les acquisitions des institutions sont aujourd'hui remarquables qu'il s'agisse de Carrefour pour cette très belle collection de dessins italiens baroques, cette année, ou des dons réguliers de Madame Pinault.

Partagez-vous le sentiment souvent dénoncé d'une raréfaction des pièces d'exception sur le marché de l'art ? Y a-t-il une baisse de valeur des œuvres mises en vente ?

Les chefs-d'œuvre de premier plan sont indéniablement de plus en plus rares sur le marché. En revanche la création de valeur des petits maîtres, y compris dans l'art ancien, ne cesse de se développer. Et la mise en scène post-mortem d'un artiste, à travers la publication de son catalogue raisonné, une exposition au Grand Palais, participe aussi à amplifier sa valeur ajoutée. Je crois que ces facteurs ne sont pas près de disparaître, bien au contraire.

Chapitre 4

STRATÉGIE DE VALORISATION ET MARKETING

« Plus l'Art est contrôlé, limité, travaillé,
et plus il est libre. »

Poétique musicale, Stravinsky

Dans le peloton de tête des valeurs du marché de l'art, Paul Gauguin et Vincent Van Gogh se côtoient aux toutes premières places. Faut-il rappeler que tous deux sont morts dans la misère et la solitude, en dépit des efforts de leurs marchands, Durand-Ruel et Vollard, déjà convaincus à l'aube du XXe siècle, de leur génie ? Ces deux légendes noires entretiennent l'idée que l'artiste est, par définition, étranger à toute stratégie commerciale et à tout calcul de notoriété. Elles montrent surtout une étrange parenté entre les facteurs de réussite pour une marque commerciale ou pour un artiste : notoriété, visibilité, publicité, valorisation marchande. La création de valeur procède en fait d'un même processus qu'il s'agisse d'un produit commercial ou d'une œuvre d'art, sujette aux aléas d'un marché de l'offre et de la demande. L'œuvre d'art, envisagée sous l'angle de sa valeur marchande, n'est ni plus ni moins qu'un produit comme un autre. Sa valorisation est nulle à l'origine, en amont de la naissance ou de la carrière de l'artiste. Elle peut atteindre des sommets comme dans les cas spectaculaires cités plus haut. Il en va de même pour une marque. Comment fonctionne la stratégie de valorisation d'un artiste ou d'une œuvre d'art ? Diffère-t-elle foncièrement des méthodes du marketing des grandes marques ? Certainement pas.

Création de valeur : de zéro à l'infini

Entre un artiste et une marque, les parallélismes sont nombreux : leurs cimetières en sont remplis et seules les stars survivent.

L'identité d'une marque, autonome, n'est évidemment pas une donnée statique et immuable, bien au contraire. Non seulement, la marque a un « acte de naissance », lors du dépôt de ses caractéristiques auprès d'un organisme légal ou de son lancement sur le marché, mais elle peut aussi mourir, lorsque l'oubli la fait disparaître des références des consommateurs. Entre les deux, la marque vit aussi longtemps qu'elle incarne une identité forte en laquelle peuvent se retrouver les consommateurs. Et sa durée de vie peut être infiniment longue comme en attestent quelques marques mythiques telles Évian, Danone, Coca-Cola ou Ford. Quelques cas de « résurrection » ont même pu être observés comme le montre la renaissance du Coq Sportif après trente ans de silence. Dans le registre artistique, la signature n'acquiert de valeur qu'avec la reconnaissance de l'artiste et de son œuvre par un public de critiques et de collectionneurs, voire de musées. Aussi peut-elle perdurer bien au-delà de la mort de l'artiste lui-même, voire au-delà de la disparition de ses œuvres, comme elle peut s'effondrer lorsque ces derniers s'en désintéressent.

Le marché de l'art, comme celui des marques, est coutumier de ces retournements de situations.

L'œuvre d'art comme la marque, quels que soit leurs conditions de lancement, leur parcours ou carrière, sont sujets à une création de valeur qui va de zéro à l'infini. Celle-ci ne repose pas sur des critères objectifs ni sur des stratégies de marketing objectivement maîtrisées. Comme toujours, le hasard et la nécessité font loi. Une large part de circonstances historiques et sociologiques entre également en jeu dans ce processus. C'est bien là ce qui est fascinant. Dans le registre artistique, bien des courants et des artistes ont connu des périodes de rejet puis de redécouverte et de revalorisation. Par exemple, les œuvres de l'Antiquité étaient volontiers mises au rebut pendant toute la période médiévale, comme synonymes du paganisme et de la persécution romaine, incompatibles avec le triomphe de la Chrétienté. La Renaissance les remit à l'honneur, les survalorisa comme modèles absolus et le piédestal dressé aux modèles de Phidias et d'Apelle durera jusqu'au XIXe siècle. Même syndrome historique à l'égard de l'art du Moyen Âge et des Primitifs italiens : oubliés et dénigrés après l'héroïsation de la trilogie Léonard-Raphaël-Michel-Ange, c'est-à-dire du XVIe au XVIIIe siècle inclus, les voilà retrouvés et idéalisés par la génération romantique ! Est-ce à dire que les artistes vedettes du marché de l'art actuel, des Impressionnistes à Picasso feront bientôt place à d'autres ? Probablement, surtout lorsqu'il n'existera plus d'œuvres impressionnistes en mains privées parce qu'elles auront toutes finies par être détenues par des musées !

Lancement de marque et débuts d'un artiste

On ne saurait parler de marque sans évoquer son lancement, rituel assimilable à un « faire-part » de naissance. Quel que soit le pays d'origine, la marque doit faire l'objet d'un dépôt, d'un enregistrement auprès d'un organisme officiel garantissant qu'elle n'existe pas encore, qu'elle ne sera pas copiée littéralement, qu'elle pourra prétendre se défendre donc contre d'éventuels concurrents indélicats. C'est à l'entreprise ou à l'inventeur de la marque qu'il revient d'effectuer cette formalité. En France, l'Institut National de la Propriété Industrielle gère les dépôts de marques. Ce premier acte de naissance procure une paternité à la marque. La campagne publicitaire, le marketing hors média et le bouche à oreille assurent ensuite son lancement auprès du public, ou plus exactement auprès des consommateurs visés.

Comment se passe le « lancement » d'un artiste ? Sur le fond, de façon assez similaire, même si les moyens diffèrent.

Jusqu'au XVIIe siècle, c'est le passage dans l'atelier d'un maître reconnu, l'acquisition d'un savoir-faire reconnu, puis la commande d'une œuvre par un membre de l'élite qui assoyaient la signature de l'artiste, sa renommée, sa légitimité, bref son existence. Les artistes jouaient alors de leur réputation pour éventuellement faire monter les enchères : Léonard de Vinci et Michel Ange ont usé et abusé de la concurrence et de la convoitise de leurs commanditaires respectifs pour obtenir les meilleurs avantages. Du XVIIe à la fin du XIXe siècle, les académies prennent le relais partiel des ateliers pour fournir une référence, une provenance prestigieuse et valorisante. Les grands prélats de la papauté et les amateurs fortunés élisent leurs protégés,

© Dunod. La photocopie non autorisée est un délit

faisant et défaisant leurs carrières. Le sculpteur Bernin, pour ne citer que lui, doit beaucoup à la protection de Scipion Borghese, neveu du pape romain. Jusqu'alors, les principaux critères de valorisation d'un artiste reposent donc sur une formation irréprochable et des commandes prestigieuses. Les artistes participent pleinement à la construction de leur carrière et sont tout à fait conscients de la concurrence dans laquelle ils s'inscrivent.

Certains d'entre eux recourent à des procédés tout à fait stratégiques pour se démarquer et valoriser leur savoir-faire propre. Par exemple, à Amsterdam dans la première moitié du XVIIe siècle, la compétition est rude entre les peintres qui fournissent aux collectionneurs, issus de la bourgeoisie marchande, des images illusionnistes mettant en valeur la richesse économique du port de commerce international. Dans ce contexte, Svetlana Alpers, spécialiste de la peinture hollandaise du XVIIe siècle, a développé une hypothèse très intéressante pour expliquer l'originalité absolue du style sombre et empâté de Rembrandt par rapport à ses contemporains[1] : Rembrandt pourrait avoir, selon cette historienne de l'art, tout à fait sciemment entretenu une originalité picturale et technique pour mieux se différencier des peintres de son époque, plus attachés à une surface léchée et brillante, lumineuse et précise, tels Vermeer de Delft. Il se serait ainsi assuré une place de choix sur le marché amstellodamois ! De fait, son style atypique a rencontré un grand succès auprès des amateurs, à telle enseigne que dès la mort de Rembrandt, il donne naissance au mouvement des « Rembranesques », suiveurs et imitateurs, alors même que le peintre n'eut jamais d'élèves. Lorsqu'on évoque la triste fin de Rembrandt, poursuivi par les saisies d'huissiers, on oublie souvent qu'il connut la fortune et la dilapida un peu vite. Quoique les artistes n'aient jamais eu comme priorité de savoir se vendre, beaucoup d'entre eux surent le faire et très bien. Le Greco lui-même ne manquait jamais de négocier âprement les conditions, les délais et les montants de ses contrats, quand bien même il signait commande avec le roi d'Espagne Philippe II. Meissonnier, le peintre pompier français par excellence, négociait ses tarifs à merveille, au point qu'il fut l'artiste le plus cher de son temps.

---

1. Svetlana ALPERS, *L'Atelier de Rembrandt*, Gallimard, collection Essais, 1991.

Et que dire, aujourd'hui, de Damien Hirst qu'on pourrait qualifier de « manager » très efficient de la firme qui porte sa signature ?

La construction d'une carrière est devenue la condition première de la création de valeur de l'œuvre d'art.

L'ère de la modernité

Cette construction d'une renommée, qui avait toujours été effectuée dans les cénacles officiels va changer de nature, dans la seconde moitié du XIXe siècle avec la remise en cause du système officiel des académies et des Salons, en particulier avec les scandales provoqués par Courbet en 1855 puis Manet en 1863, enfin les Impressionnistes en 1874. La situation est inédite : l'artiste doit désormais construire sa carrière envers et contre tous, y compris contre le goût officiel tel qu'il est décrété par les institutions. Tout se passe comme si l'artiste était devenu un entrepreneur explorant un nouveau marché. Depuis que l'artiste s'est affranchi de toutes les tutelles jugées sclérosantes, c'est seul, « face à tous les autres » qu'il lui faut désormais s'imposer. Ce n'est pas forcément son savoir-faire propre, comme le montrent les cas de Gauguin et Van Gogh. Aussi l'artiste trouve-t-il dans la personne du marchand et du critique d'art un intermédiaire précieux. Côté critique, Charles Baudelaire et Émile Zola furent parmi les premiers à user de leur renommée d'écrivain pour mouiller leur plume en faveur de Manet, houspillé par le public. Côté marchands, les pionniers que furent les galeristes Paul Durand-Ruel, Ambroise Vollard et Daniel-Henri Kahnweiler ont respectivement lancé les peintres Impressionnistes, Cézanne, Picasso : trois valeurs sûres du marché de l'art encore de nos jours !

Un procédé bien moderne se met alors en place dans le domaine artistique : la publicité, c'est-à-dire le « faire parler de soi ».

Toutes les avant-gardes du XXe siècle en feront usage avec quelques figures plus spectaculaires telles Marcel Duchamp, Salvador Dali, Kurt Schwitters, Yves Klein, Arman, César, Buren, Ben mais surtout Andy Warhol. Si la plupart des courants de la modernité s'affirment par opposition virulente à leurs prédécesseurs, voire par le scandale public, c'est à Andy Warhol que revient la palme de la mise en scène de sa propre carrière. Un fonctionnement systématique de

© Dunod. La photocopie non autorisée est un délit

provocation semble animer ces trublions de l'art moderne et s'imposer comme une condition de visibilité publique. Dans le cas d'Andy Warhol, à l'inverse, par exemple, de Salvador Dali, la provocation et la dérision sont sciemment orchestrées dans un objectif strictement mercantile. La « Factory », comme son nom l'indique, est une usine à produire des œuvres multiples. Ce qui ne met pas en cause leur qualité créative et artistique. Il en va de même de la Pharmacy, restaurant mythique de Damien Hirst dont les célèbres « armoires » viennent d'atteindre des sommets en vente publique, à l'issue de la fermeture de ce restaurant, en affirmant ainsi la pertinence de la démarche marketing de cet artiste londonien devenu un véritable virtuose dans l'art de tirer parti des mécanismes et des ressorts du marché de l'art...

Un cas contemporain tout à fait significatif atteste d'un nouveau cap de passé. Nombreux sont désormais les artistes, tels Jean-Philippe Serrano (voir entretien, p. 103) ou encore Fabrice Hybert, à opter pour une prise en charge personnelle de leur propre promotion, sans même passer par une galerie. Fort d'un talent de communication certain, ils proposent des expositions à des lieux privés tels un restaurant branché ou, tout récemment encore, le siège parisien d'une grande agence de communication. Cette stratégie suppose un véritable savoir-faire, au-delà de la création de l'œuvre : il ne s'agit rien moins, pour un artiste, que de devenir son propre galeriste et de tenter ainsi de jeter directement un pont entre le marché et son œuvre.

Parcours de marque et carrière d'artiste

Par définition, la marque – comme la signature de l'artiste – embrassent une production hétérogène et évolutive.

Toutes deux, elles ont pour fonction de garantir l'existence même de celle-ci.

La marque est le fil rouge qui garantit au consommateur le même respect par le produit du « code » de la marque, quoique ce même produit puisse changer de composition, de conditionnement, de packaging. Elle est une caution pour le renouvellement constant et nécessaire des produits et services qu'elle sigle. Contrairement à un produit sans marque, qui n'ayant pas atteint sa cible, serait immédiatement retiré du marché, la marque est là pour rendre le produit suffisamment « fort » pour traverser les crises, pour se frayer un chemin à travers les embûches du marché et de la concurrence jusqu'à « atteindre sa cible ». C'est sa fonction que d'assurer une continuité en dépit de l'évolution constante du marché, donc des produits proposés. Nombre de marques nous ont montré ces dernières années leur capacité de renouvellement identitaire et de repositionnement. Prenons l'exemple du Ricard, apéritif anisé, traditionnellement associé à la Méditerranée et à une consommation populaire et provinciale. Depuis une dizaine d'années, la marque a rajeuni sa clientèle, devenue plus branchée et parisienne. Les efforts de design en série limitée de la bouteille jaune par Garouste et Bonetti, le relooking du logo en soleil, mais aussi l'insertion des expositions de l'espace Paul Ricard (voir entretien, p. 68) dans le milieu de l'art contemporain le plus avant-gardiste, n'y sont sans doute pas pour rien.

La signature de ses œuvres, par un artiste, assure leur « authenticité ». Elle les rend « vraies » et pérennes. Elle leur confère leur valeur marchande et symbolique, par-delà leur hétérogénéité même.

Car il est bien loin le temps où les artistes avaient un « style », qu'ils gardaient pour la vie.

Que l'on songe seulement à la diversité des périodes « Bleue », « Rose », « Cubiste » ou encore « Surréaliste » de Picasso... ou encore à la formidable diversité de l'œuvre de l'allemand Gérard Richter, l'un des artistes contemporains les plus chers, dont seule la virtuosité caractérise les innombrables « manières » !

La signature – comme la marque – peut ainsi abriter un renouvellement quasi-permanent, qui la maintient en vie, c'est-à-dire en adéquation avec le présent, mode ou modernité. La notoriété d'une marque, sans laquelle elle ne survit pas longtemps, repose sur sa vitalité, sa capacité à se renouveler. Il en va de même pour l'artiste.

Autrement dit, marque et signature d'artiste sont confrontées à la même délicate articulation de deux logiques contradictoires : celle de l'innovation et celle de la permanence. À ceci près que dans le cas de la marque, cette réalité est directement liée à sa vocation commerciale, alors que dans le cas de l'artiste, elle relève d'un choix libre

© Dunod. La photocopie non autorisée est un délit

et individuel, même si ce choix a des conséquences commerciales, car plus un artiste sera « reconnu » et plus il sera cher…

Mais pour autant, il ne faut pas négliger, dans la vie d'une marque comme dans celle d'une signature d'artiste, une volatilité quasi inhérente à leur condition même. Une marque, tout comme un artiste, peut passer de mode, voire, tout simplement, se « perdre ». Si le détenteur de la marque n'a pas, constamment présente à l'esprit, la survie de celle-ci, c'est-à-dire le respect de son territoire et celui de la bonne réponse à l'attente qu'elle suscite auprès de ses clients, sa marque meurt.

Il en va de même pour un artiste : il peut fort bien se mettre à trop produire, un peu à l'instar d'une marque de luxe qui galvauderait son statut en négligeant la sélectivité de sa distribution ou en se retrouvant sur des accessoires bas de gamme. Il entre alors dans une zone de risque extrême, celle où le marché serait incapable d'absorber un afflux de ses œuvres… Les exemples sont nombreux de cotes qui s'effondrent, faute d'acheteurs, lorsque les galeries sont contraintes de déstocker par les ventes publiques.

Seules la rareté et l'authenticité, à terme, sont payantes. Un artiste qui n'aurait été acheté que par des spéculateurs, avides de faire leur plus-value, est un artiste mort.

Fragiles, aléatoires et risqués, et ô combien exigeants pour leurs acteurs : tels sont les parcours d'une marque et d'une signature d'artiste.

Exposition d'artiste et merchandising

Pour être vivants et fonctionnels, les produits d'une marque, tout comme les œuvres d'un artiste, doivent être vus, c'est-à-dire « exposés » et « proposés ».

La publicité et le marketing, avec le merchandising, déterminent ainsi les modes de présentation des produits, depuis l'affichage, la diffusion média jusqu'à la vitrine, la boutique ou les rayons du supermarché.

Il en va de même pour ce qui concerne l'œuvre d'art. L'exposition au public est une condition évidente de la reconnaissance de son auteur, de sa signature, de sa notoriété, du statut même d'œuvre d'art.

Le célèbre bidet de Marcel Duchamp, ou encore son sèche-bouteille, ne seraient pas des œuvres d'art s'ils n'étaient pas exposés dans un musée, à New York ou à Paris. Pour atteindre le statut d'artiste, il faut donc être vu dans un temple de l'art (un musée) ou dans une de ses chapelles (une galerie). De tout temps, les artistes se sont ainsi livrés à une concurrence féroce pour décrocher les commandes de grands décors religieux ou politiques, qui leur permettaient d'être vus dans les églises ou dans les hauts lieux du pouvoir. Depuis la fin du XIXe siècle, ce sont les marchands et galeristes qu'ils courtisent pour leur donner envie de leur consacrer une exposition individuelle ou collective. Par la voix des critiques puis des éventuels collectionneurs et acheteurs, ils espèrent ainsi gagner les faveurs de l'opinion publique. Le succès croissant des expositions muséales atteste de la réceptivité du public à l'égard de cette subtile – mais néanmoins très efficace – forme de publicité. Quoique leur fréquentation soit très tributaire de la familiarité du public avec les artistes présentés (Matisse, Picasso, Botticelli, Modigliani, Gauguin), il ne faut pas négliger l'impact des expositions proposées par les galeries puis par les institutions et musées dédiés à l'art contemporain ainsi que les salons internationaux (Foire de Bâle, FIAC de Paris ou, plus récemment, Freeze de Londres), dans le domaine de l'art d'aujourd'hui. Des unes aux autres, c'est la voie désormais incontournable de construction de la carrière et de la notoriété des artistes de notre temps.

Un artiste qui n'est pas « vu et proposé » est un artiste mort. Colette Barbier, responsable de l'Espace Paul Ricard s'en explique (voir p. 68) : « Notre vocation est précisément de montrer de jeunes créateurs qui n'ont pas encore de visibilité affirmée dans le milieu de l'art. Notre démarche est donc de les aider à gravir les marches qui leur permettront demain d'accéder à ces institutions. »

La visibilité est à l'artiste ce que la publicité est à la marque d'un produit : la condition même de son existence et, partant, de sa survie.

***

Que l'on parle de marque ou d'œuvre d'art, un processus de marketing et de stratégie de notoriété est mis en jeu, avec ses conséquences en termes de valorisation marchande. Contrairement aux idées

© Dunod. La photocopie non autorisée est un délit

reçues, nous avons eu l'occasion ici de rappeler que les artistes sont bien loin d'ignorer le contexte concurrentiel dans lequel ils travaillent et la nécessité de se démarquer de leurs contemporains. À défaut d'avoir eux-mêmes les ressources nécessaires, ils recourent à des marchands, à des galeristes, à des institutions. Ils mobilisent des alliés prêts à les suivre comme on suivrait un explorateur dans la jungle. Ceux qui ont réussi à atteindre le statut d'artiste, c'est-à-dire à (sur)vivre de leurs œuvres, et à se contenter de ce seul métier, ont obligatoirement déployé des stratégies habiles, souvent opportunistes, mais toujours terriblement efficaces.

En ce sens, les analogies entre les problématiques purement artistiques – avec les galeristes, les critiques et les historiens d'art, les commissaires d'expositions – et celles des marques – avec leurs intermédiaires, créatifs publicitaires, directeurs marketing, agences hors médias, leaders d'opinion et autres « préconisateurs » – sont bien plus nombreuses qu'il n'y paraît.

C'est que, dans les deux cas, le processus même de création de valeur est le même. Il s'agit de faire naître de la valeur incorporelle. Il s'agit de transformer un simple « objet » en « œuvre » ; œuvre d'un artiste ou œuvre d'une marque…

De la valeur de prix de revient à la valeur de marché, tous les cas de figure sont envisageables et le parcours aléatoire de l'œuvre va du nirvana de la starisation au néant de la décrépitude et de l'oubli total. En somme, elle se meut dans un espace qui part de zéro et tend vers l'infini.

Mais l'aventure est d'autant plus passionnante qu'elle est faite, pour l'essentiel, de créativité.

« La photographie, une métaphore de notre métier »

Entretien avec Jean-Louis Milin

Président du directoire, Banque de Neuflize

Au sein du groupe Abn Amro, première banque néerlandaise, la banque de Neuflize, encore NSMD jusqu'en avril dernier, développe une activité de banque privée, gestion de fortune et assurance-vie. Elle s'est dotée en 1997 d'une Fondation pour la photographie et la vidéo contemporaines, forte d'une collection de plus de 700 œuvres.

Comment est née cette collection originale, au sein de votre stratégie d'entreprise ?

Au départ, les premiers achats de photographies de la banque de Neuflize ont été faits pour appuyer l'identité de l'activité assurance-vie : des œuvres de références signées Edouard Boubat, Willy Ronis, Robert Doisneau, autour du thème de l'enfance, ont servi quelques campagnes publicitaires. Puis nous avons donné un axe simple et clair à nos acquisitions pour illustrer et valoriser l'essence de notre métier, la relation à l'autre et le regard sur autrui. Le portrait s'est donc imposé comme fil conducteur, nous permettant aussi d'éviter la dispersion. Ce thème fort a donné une vraie cohérence à notre collection et nous permet aujourd'hui d'envisager un élargissement vers la mémoire.

Pourquoi accompagnez-vous parallèlement les institutions consacrées à la photographie, hier le Centre National pour la photographie, aujourd'hui le Jeu de Paume et la Maison européenne de la photographie, au travers de leurs expositions en particulier ?

Notre mécénat institutionnel a toujours apporté une dimension complémentaire à notre Fondation pour la photographie, ainsi qu'un positionnement de légitimité et une visibilité pour l'entreprise. Avec notre collection, nous attirons l'attention sur des artistes de grand talent encore peu connus, dont la carrière est en train d'émerger et nous sommes en lien direct avec le monde des galeries. Nous souhaitons ainsi participer à l'art de demain. Nos actions auprès de la Maison européenne de la Photographie et du Jeu de Paume sont un prolongement évident de cet engagement. Nous prêtons aussi nos propres œuvres, comme dernièrement lors de l'exposition du musée du Luxembourg, « *Moi, Autoportraits du xx*^{e} *siècle* ». Notre légitimité acquise avec le temps dans le domaine de la création photographique nous impose comme acteurs à part entière de sa reconnaissance et de sa diffusion auprès du public. Il ne faut pas oublier qu'en dépit d'avancées remarquables, la photographie ne fait pas encore l'unanimité en tant qu'art. Historiquement, le débat est né dès son invention, il y a un siècle et demi, entre l'académie des sciences et celle des Beaux-Arts. Et la section photographie est à peine en cours de création au sein de l'académie des Beaux-Arts aujourd'hui ! L'opposition y est encore manifeste. Nous sommes très impliqués dans ce débat et participons donc à la pleine reconnaissance de cet art de la modernité.

Concrètement, quelles sont vos actions en faveur de la création photographique ?

Nous sommes d'abord étroitement associés à deux prix annuels : le prix Gilles Dusein et le Grand Prix International Cartier-Bresson.

© Dunod. La photocopie non autorisée est un délit

Le premier est né avec la Maison européenne de la Photographie en 1998 et récompense le travail et la démarche d'un jeune artiste plutôt qu'une œuvre en particulier. C'est une aventure. Quant au prix Cartier-Bresson, il permet à de jeunes photographes, déjà confirmés dans le domaine du reportage et du documentaire, de réaliser un projet qui leur tient à cœur. Mais une autre facette fondamentale de notre action est celle que nous menons en interne auprès de nos personnels. Les œuvres de la collection NSM/Vie, exposées dans nos locaux, les familiarisent avec un art parfois déroutant et à l'encontre duquel ils manifestent de réelles réticences, bien plus fortes que nos clients. C'est pourquoi, nous avons aussi initié un prix du personnel auquel nous associons tous les collaborateurs de l'entreprise en France. Une sélection d'œuvres de 6 artistes leur est proposée, sous forme d'exposition dans les locaux de l'entreprise. L'œuvre plébiscitée par les personnels vient rejoindre dans la collection Neuflize/Vie. Cette sensibilisation en interne est essentielle. Elle est complémentaire des laissez-passer que nous mettons à la disposition des personnels pour le Jeu de Paume et la MEP.

« La photographie et le CCF, une aventure pionnière »

Entretien avec Chantal Nedjib

Directeur de la Communication CCF
Déléguée générale de la Fondation CCF pour la Photographie

Le CCF est l'un des mécènes majeurs de la photographie en France. La collection d'entreprise s'est enrichie dès 1987. Pourquoi avoir créé une Fondation CCF pour la photographie en 1995 ?

Dès 1987 effectivement, le CCF s'est intéressé à la photographie, un art d'aujourd'hui, témoin de notre environnement contemporain, mais aussi une technique différente encore mal reconnue, bref à l'image d'une banque comme la nôtre à l'époque, challenger. Les commandes effectuées à l'origine pour accompagner nos rapports annuels répondaient à un positionnement de communication institutionnelle, à une volonté de marquer notre différence. Puis s'est développé un mécénat de contribution financière en faveur du Centre National de la Photographie entre 1989 et 1994. Il n'a malheureusement pas été possible de poursuivre ces actions et nous avons donc réfléchi à d'autres formes d'engagement possibles. Une enquête auprès du monde de l'art nous a encouragés à pérenniser notre intervention en la centrant sur un axe précis.

Selon quels critères avez-vous choisi d'orienter la politique de mécénat de la Fondation ?

La création photographique manifestait une carence flagrante dans le domaine du reportage et du journalisme, très peu de galeries exposaient ce type de travaux, les jeunes artistes avaient grand besoin d'exposer. C'est pourquoi en créant la Fondation CCF pour la Photographie en 1995, nous avons voulu récompenser et accompagner chaque année deux lauréats sur un critère majeur : la représentation du réel. Le second : ne jamais avoir édité de monographie, mais avoir un « book » suffisamment riche pour pouvoir le faire. Nous avons reçu cette année plus de 440 dossiers (contre 40 la première année !), sans limite d'âge et toutes nationalités confondues. Nous organisons une exposition itinérante et éditons ensuite avec Actes Sud une monographie de chacun des deux lauréats : Malala Andrialavidrazana et Patrick Taberna en 2004.

Qui sélectionne ces dossiers ?

Un conseiller artistique est choisi et renouvelé chaque année, comme Carol Brown en 2004, une manière de garantir un renouvellement du regard et une ouverture d'esprit, une façon aussi de repérer les tendances les plus contemporaines de la création photographique. Quant au jury, la moitié est constituée de banquiers, la seconde de personnels du monde de l'art et de la photographie. Les premiers étaient au départ très timorés dans l'expression de leur jugement, ils ont appris à prendre confiance dans leur regard. C'est la pluralité du jury qui fait sa richesse. Mais le critère essentiel reste de récompenser un travail artistique avant tout, évidemment pas une œuvre au service de la communication du CCF !

Vous êtes à la fois déléguée générale de la Fondation et directeur de la communication. C'est dire si le mécénat est articulé comme outil de communication de l'entreprise. Quelles déclinaisons concrètes développez-vous de votre engagement de mécène en termes de communication ?

Pour la communication externe, nous mesurons l'impact de nos actions aux retombées presse qui sont de plus en plus importantes tant dans la presse artistique qu'économique, régionale et quotidienne. Mais nous sommes aussi partenaires de grandes expositions à la Bibliothèque Nationale (Cartier-Bresson, Magnum), à la Maison Européenne de la Photographie (collection Roger Théron) ou encore au Centre Pompidou (Brassaï). Je souligne d'ailleurs qu'avec ce dernier, une vraie relation d'intelligence et de réciprocité motive la coopération entre le musée et les mécènes. D'une manière générale, dans ces opérations plus ponctuelles, nous privilégions les artistes de très grande renommée, afin d'avoir une visibilité optimale. En interne, notre magazine est toujours illustré par un photographe mis en avant. Les collaborateurs sont aussi associés aux vernissages et manifestations privées organisées à l'occasion des expositions. Surtout, ils se familiarisent avec la création photographique à travers l'exposition des œuvres de la collection dans les locaux de notre siège : salles de réunion, lieux d'accueil, lieux de passage.

Chapitre 5

MARQUE DE PRODUIT ET SIGNATURE D'ARTISTE

Marque... fabrique ; marque de fabrique : désormais, un artiste reconnu n'est rien moins qu'une marque.

Cette remarque (!) est valable aujourd'hui mais elle l'était déjà hier, même si au Moyen Âge la notion d'artiste a encore tendance à se fondre dans l'anonymat, dès l'époque de la Renaissance et jusqu'au XIXe siècle, lorsque les « maîtres » travaillent au sein de leurs « ateliers » avec des « assistants », sur des œuvres complexes et souvent gigantesques (sculptures de portails et de chapiteaux de cathédrales, cycles de fresques, décorations d'églises et de palais etc.) ce qui n'empêche pas celles-ci d'être considérées comme de leur propre main.

Le nom de l'artiste, comme véritable « marque de fabrique » commence alors à apparaître, et ce phénomène connaîtra une véritable montée en puissance tout au long du XXe siècle. Aujourd'hui, c'est le nom de l'artiste qui l'emporte – et de très loin – sur son œuvre, comme si le modèle économique de l'art contemporain avait épousé de façon quasi parfaite celui des grandes marques.

Lorsqu'à l'aube des Sixties américaines, Andy Warhol se permit de reproduire des boîtes de soupes de la marque Campbell ou des bouteilles de Coca-Cola en quantité, et de signer ces toiles comme des œuvres d'art, l'on cria au scandale. La rencontre frontale de la signature d'artiste et de la marque commerciale fit l'effet d'un choc considérable entre deux cultures perçues jusque-là comme antinomiques. C'est qu'on reconnaissait à l'œuvre d'art le privilège de l'unicité, de la gratuité et du sens ; on n'accordait en revanche au produit de marketing que la vulgarité de la quantité, du mercantilisme et de l'absurde. Qu'un trublion du Pop Art érige un bien consommable au rang de sujet d'œuvre d'art, au point de le reproduire comme un slogan répétitif et de ne pas même prendre la peine de le peindre mais de se contenter de le sérigraphier, la chose était tout simplement inacceptable. Mais l'histoire ne s'arrête pas là puisqu'en 1986, la marque Campbell rebondit elle-même avec humour sur le phénomène Warhol, avec une campagne d'affiches dont le slogan était : « Cette copie s'est vendue autour de 34 000 £ chez Sotheby à New York. Vous pouvez acheter l'original chez Tesco pour 26 pennies » ! Au-delà de l'humour provocateur, peut-on parler d'original et de copie pour une marque comme pour une œuvre d'art ?

Cela revient à considérer que la signature d'un artiste ou celle d'une marque fonctionne de la même manière. Non seulement la définition de la marque et celle de la signature d'artiste embrassent une même problématique d'identité et d'authenticité, mais la valeur autonome d'une marque, son histoire, sa culture, son territoire ne sont pas sans parenté avec celle d'un artiste, son style, sa fortune critique et – pourquoi pas – sa postérité.

Une même définition

Nom, sigle, slogan

La marque peut être matérialisée par plusieurs moyens employés alternativement, distinctement ou simultanément, selon les supports et les objectifs poursuivis : le nom (Évian, Rolls Royce, Coca-Cola) ; le logo ou symbole (crocodile de Lacoste, la virgule de Nike, la pomme d'Apple…) ; le slogan (« Y a bon » Banania, Hollywood « fraîcheur de vivre », Renault « des voitures à vivre », Nike « Just do it »). Elle s'incarne aussi à travers son histoire, sa culture, ses péripéties : le clown Ronald identifie Mac Donalds, Mr Propre les produits ménagers du même nom, Charles Gervais le fondateur de la gamme laitière Gervais… Son style caractéristique peut aussi la définir : les carreaux écossais de Burberry's, la sobriété androgyne de Calvin Klein… Si l'on rapproche la production d'une entreprise de celle d'un artiste, alors la marque s'apparente à sa signature : un nom bien sûr, un symbole éventuel (le papillon de Whistler, l'oiseau Lop-Lop de Joan Miro, le monogramme HTL entrelacé de Henri de Toulouse-Lautrec…) et surtout un style ou encore un ensemble de procédés techniques (la touche très empâtée de Rembrandt, les volutes japonisantes de Van Gogh, le cubisme de Picasso…).

De fait, l'ensemble des critères d'attribution d'une œuvre à un artiste recoupe presque parfaitement celui propre à la marque commerciale.

Des produits et des œuvres

La marque acquiert une valeur autonome, indépendante des produits ou services qu'elle « griffe » sous différentes gammes ou différents modèles. Ainsi Renault signe-t-elle de nombreux modèles de véhicules automobiles : Clio, Scénic, Mégane, Modus, Fluence. La marque Vuitton décline à la fois de la maroquinerie, des bagages, des accessoires mais aussi du prêt-à-porter. Évian produit des eaux sous différents conditionnements mais aussi des produits de beauté. De la même manière, la signature d'un artiste définit la cohérence d'un corpus d'œuvres hétérogène. Un même peintre signe dessins, aquarelles, gouaches et huiles sur toile. Michel-Ange est aussi bien connu comme peintre que comme sculpteur et architecte. Salvador Dali fut à la fois peintre, sculpteur, photographe, dessinateur.

Dans d'autres cas, on parle de « marque ombrelle » qui se décline en sous-marques ; dans le domaine artistique, on parlera « d'école » : Cubisme avant la Première Guerre mondiale en Europe, Action Painting aux États-Unis après la Deuxième Guerre mondiale ; Nouveaux Réalismes et Support-Surface en France dans les années cinquante et soixante ; Pop Art, en Europe et aux États-Unis dans les années soixante etc. Chaque École – ou « Marque Ombrelle » – se décline en artistes ou Marques proprement dites, celles-ci, tel Jackson Pollock pour l'Action Painting, ou Dubuffet pour l'Art Brut, allant même jusqu'à éclipser celles-là…

Qui se cache derrière un produit ou une œuvre ?

Mais une question centrale demeure qui doit être explicitée : qui est l'auteur du produit ou de l'œuvre ? Qui désigne la marque ou la signature ? Dans le cas d'un bien de consommation, produit ou service, la marque peut désigner le créateur, l'inventeur, le producteur ou le distributeur, ou encore tout ou partie de cette chaîne d'intervenants successifs. L'entreprise, propriétaire et dépositaire de la marque apposée, disparaît parfois derrière celle-ci et ne porte

© Dunod. La photocopie non autorisée est un délit

donc pas nécessairement le même intitulé. Le Groupe Pierre Fabre signe par exemple les marques René Furterer, Avène, Klorane, Galénic, bien plus connues du public que l'entreprise elle-même. Il en va de même pour Procter, dont les marques sont mises en avant et, de ce fait, sont bien plus connues du consommateur que cette firme géante et multinationale.

Du côté de l'œuvre d'art, la signature qui l'attribue à un artiste est-elle plus limpide ? Constitue-t-elle une identité plus lisible ? Loin s'en faut ! Les signatures explicites sont d'abord excessivement rares avant la Renaissance. Pendant tout le XVe siècle, elles revêtent bien souvent la forme de l'autoportrait, glissé dans la composition, plutôt que celle plus familière du nom. Qui plus est, une signature peut parfois en cacher une autre ! À partir de la Renaissance et jusqu'à l'aube du XIXe siècle, l'artiste de grande renommée signe volontiers et en toute bonne foi, au nom d'un atelier de collaborateurs et d'élèves. Le cas de Titien au XVIe siècle est exemplaire de ces ambiguïtés. À ses débuts, le peintre vénitien adopte une manière très proche de son maître Giorgione « si bien que ses propres peintures furent parfois confondues avec celles de ce dernier » constatait Vasari à la fin du XVIe siècle. Des œuvres comme *La Tempête* (National Gallery, Londres), la *Vénus endormie* (Gemälde Galerie, Dresde) et le *Concert champêtre* (Louvre, Paris) restent encore d'attribution incertaine entre les deux artistes. Devenu célèbre dans l'Europe entière, le vieux Titien orchestrait lui-même la production des répliques avec la conviction qu'il en avait le droit, la répétition étant d'un usage courant dans les ateliers. On distingue d'ailleurs la réplique de la copie, qui, elle, relève de la falsification délibérée. « Sa main tremble et il ne peut rien achever sans ses élèves. L'un d'eux qui vit chez lui est un certain Emmanuel, un allemand. Titien ne fait qu'apporter une touche mais les œuvres sont vendues comme de sa main et il trompe son monde tant qu'il peut », nous raconte un chroniqueur vénitien contemporain, Niccolo Stoppio en 1568. « De là vient que bien des œuvres des élèves sont aujourd'hui attribuées au maître », complète encore Carlo Ridolfi en 1648. Plus près de nous, alors que Picasso n'omettait jamais de le faire… Modigliani ne signait jamais ses œuvres. Leur authentification par les ayants droit donna lieu à de nombreuses manœuvres de la part de certains faussaires qui voyaient dans cette absence de signature une véritable aubaine. C'est ainsi que le marché, à une certaine époque, fut inondé de faux. Inversement, on peut penser que pareille mésaventure n'arrivera pas à l'artiste Ben Vautier, dit Ben, qui se contente d'écrire des phrases en lettres blanches sur fond noir, en faisant ainsi de sa signature (au sens large du terme) l'essence même de son œuvre.

L'œuvre d'art réduite à une signature...

La signature d'un artiste peut ainsi recouvrir des réalités très diverses selon les époques et le contexte de production des œuvres. Autrement dit, la signature d'un artiste ne le désigne pas forcément et acquiert une identité propre en quelque sorte, au même titre, finalement, que celle d'une marque. Le marché de l'art apporte régulièrement la preuve que la signature en soi constitue un critère d'évaluation essentiel, qu'elle soit reconnue comme authentique ou non. Celle de Marcel Duchamp est tout particulièrement exemplaire. C'est sous le pseudonyme de R. Mutt qu'il signe en 1917 la scandaleuse *Fontaine* : un urinoir renversé ! Refusée au Salon de la Society of Independant Artists de New York, l'œuvre posait un problème nouveau quant à l'identité de l'artiste, entre autres. Le signataire de l'œuvre n'en était pas le créateur, l'artisan, mais plutôt le dénominateur arbitraire, celui qui avait rebaptisé un objet industriel vulgaire en prenant la liberté de l'exposer comme une œuvre d'art à part entière. L'idée prévalant à la réalisation de l'œuvre plastique elle-même, Marcel Duchamp ouvrait la voie, entre autres, à l'art conceptuel. Qui plus est, c'est une photographie de Stieglitz qui a transmis à la postérité l'original aujourd'hui disparu.

Quant à nous, nous retiendrons qu'en l'occurrence, l'artiste, dans ce cas, initie une signature qui *fait* l'œuvre bien plus que le geste ou le savoir-faire technique. Vidée de son contenu factuel et objectif, l'œuvre d'art se réduit à l'extrême : une simple signature !

Une histoire et une culture identitaires

Le succès des grandes marques se mesure aussi à la richesse de leur histoire.

© Dunod. La photocopie non autorisée est un délit

Comment, à cet égard, ne pas observer un étoffement progressif de leurs signes distinctifs, au fur et à mesure que les années passent ?

Entre la complexité d'un logo comme celui de Coca-Cola, qui semble venu du fond des âges tellement il nous est familier, et la simplicité des jeunes logos Orange, Apple ou Wanadoo, on ressent la même force, la même volonté de s'inscrire dans la durée.

Comme pour un artiste, il est essentiel, pour une marque, de cultiver son histoire afin d'ancrer son positionnement et sa légitimité.

Dans les deux cas, on retrouve les mêmes processus de célébration.

Pour cultiver son image, la marque, comme l'artiste, n'hésite pas à célébrer ses anniversaires, à éditer le livre (ou le catalogue) de son histoire...

L'histoire de l'artiste et de ses œuvres fait partie intégrante de sa valorisation matérielle et immatérielle. Les scandaleuses réparties de Salvador Dali participent pleinement au mythe de ses œuvres et cautionnent sa signature d'une plus-value supplémentaire. Que serait Van Gogh sans sa légende noire, ses séjours à l'hôpital de Saint-Rémy-de-Provence, sans le coup de folie de l'oreille coupée après la querelle avec Gauguin ? Que serait Léonard de Vinci sans la légendaire dévotion que lui voua le roi François Ier, jusqu'à son chevet sur son lit de mort au Clos Lucé, maintes fois relaté et représenté ? Que serait Michel-Ange sans les multiples refus d'obtempérer opposés régulièrement à ses commanditaires les plus prestigieux, papes et Médicis ? Que serait enfin un Yves Klein sans le scandale de son exposition du « vide » ou la tragique et suicidaire fin ? Que d'anecdotes, légendaires ou réelles, peu importe finalement, jalonnent l'histoire et alimentent le culte voué aux artistes et à leur œuvre !

Dans le cas de la marque comme dans celui de la signature, à travers l'histoire, réelle ou imaginaire, c'est une valeur ajoutée qui est apportée au produit ou à l'œuvre et qui participe aussi à nourrir la mémorisation, la fascination et l'attachement du public.

Et dans les deux cas, qu'il soit l'enfant de l'artiste ou de la marque, l'objet matériel acquiert ainsi la dimension symbolique nouvelle, qui le fait passer du territoire de l'utilité – dans le cas du produit ou du bien de consommation – (voire de l'inutilité dans le cas de l'œuvre d'art) à celui du désir.

Falsification, copie et imitation

La marque – tout comme l'artiste – possède un territoire où les tentatives d'intrusion ou de falsification sont permanentes.

De fait, là où il y a accumulation importante de valeur incorporelle, il y a forcément tentation de copie.

L'art et les marques de luxe sont, à cet égard, logés à la même enseigne.

Territoire de marque, limites de la signature d'artiste

La signature d'une œuvre d'art a changé de nature.

Hier, elle n'était nullement une obligation, comme nous avons déjà eu l'occasion de le rappeler. Dans le cadre du marché de l'art et de l'histoire de l'art, la mention d'un cadre géographique et/ou temporel de production participe ainsi à l'évaluation d'une œuvre. À défaut d'être signée, une œuvre peut ainsi être « attribuée à X » « de l'atelier de X », « école de X » « dans le style de », « dans le genre de », « à la manière de », « dans le goût de ». Il n'en demeure pas moins que le territoire dans lequel s'inscrit l'authenticité d'une œuvre d'art est centré sur son authenticité, à défaut de sa signature, qu'elle soit originale ou supposée.

De la même manière, le positionnement d'un produit ne peut se définir que par rapport à la marque leader du marché. Dans les deux cas, ce sont les dissemblances avec la référence, artiste majeur présumé ou marque leader, qui détermineront l'identification de l'œuvre ou du produit. La marque comme la signature d'artiste définit bien un territoire au-delà des marges duquel on entre dans le domaine épineux de la falsification et de la copie.

Pour les œuvres des artistes d'aujourd'hui (y compris les disparus), cette authenticité est prouvable grâce à des systèmes de « traçabilité » (catalogue, fichier, certificat) qui n'ont rien à envier aux méthodes employées sous le même nom par le secteur industriel. Des bases de données permettent désormais de suivre la vie des œuvres et leur changement de propriétaire, surtout lorsqu'elles passent en vente publique. Dans l'art comme dans le reste, rareté équivaut à cherté ; à l'exception notable de Picasso, les artistes qui n'ont pas su « organiser » la rareté de leur production n'atteindront

© Dunod. La photocopie non autorisée est un délit

jamais les cotes de ceux qui ont créé au « compte-gouttes ». Jean-Michel Basquiat serait-il aussi cher s'il n'était pas décédé en pleine gloire ? Il est permis d'en douter…

Authenticité et contrefaçon

Les œuvres d'art et les marques finissent toujours par être copiées.

Dans le cas de la marque, c'est le dépôt, l'enregistrement de la marque par l'entreprise, qui fait foi et définit l'existence ou non de contrefaçon.

Celle-ci représente pas moins de 5 à 9 % du commerce mondial, soit 200 à 300 milliards d'euros ! En 2003, près de 100 millions de produits contrefaits ont été saisis dans l'Union Européenne. En expansion constante, elle touche non seulement l'industrie du luxe mais tous les autres secteurs puisqu'on estime en 2002 que 56 % des produits domestiques sont copiés, ce qui représenterait 40 % du secteur de la mode, 12 % du marché du jouet, 10 % de la parfumerie et des cosmétiques ou encore 7 % de l'industrie pharmaceutique. Autrefois activité artisanale, elle est devenue une industrie extrêmement lucrative et l'on considère que 1 kg de CD copiés rapportent trois fois plus qu'1 kg de résine de cannabis ! Outre les risques de sécurité et de santé très graves engendrés, la contrefaçon porte atteinte à la propriété intellectuelle et a des conséquences directes sur l'emploi des entreprises légitimes, que l'on estime à 200 000 supprimés dans le monde ! La copie de marques, on le voit, fait l'objet d'observations attentives, quoique imprécises, par définition. La répression et la saisie sont considérées comme encore insuffisantes par les industriels pour protéger leur production. Aussi ces derniers multiplient-ils les mesures préventives.

Il en va de même pour l'art et les artistes. Même s'il convient, en l'espèce, de distinguer la copie revendiquée (problématique du « copiste », ou encore de l'élève par rapport au maître ou à son école) du faux pur et simple (problématique du faussaire).

De fait, la question de la copie et du faux se pose depuis l'Antiquité et hante depuis lors, bien légitimement, tous les acteurs du monde de l'art.

Jusqu'au vingtième siècle, rares sont en effet les œuvres pour lesquelles on dispose à la fois d'une signature et d'une signature sûre, c'est-à-dire authentifiée. Mais qu'est-ce qu'un faux en la matière ? Afin d'éviter tout malentendu, commençons par rappeler que la pratique de la réplique des œuvres était très courante dans les ateliers de la Renaissance à la fin de la période classique, puisqu'elle était même alors contrôlée et orchestrée directement par les artistes. Plusieurs versions d'une même œuvre signée peuvent donc parfaitement être originales et authentiques. Citons pour mémoire les deux cycles des *Sept Sacrements* peints successivement par Nicolas Poussin pour ses deux commanditaires privés, Paul Fréart de Chanteloup et Jean Pointel, au milieu du XVIIe siècle. Par ailleurs, les artistes du passé se sont souvent formés la main en copiant leurs prédécesseurs prestigieux, telle était en tout cas la règle de l'apprentissage dans les académies de la Renaissance à la fin du XIXe siècle. Et les amateurs du passé n'avaient pas la même répugnance que nos contemporains à l'égard de la copie, de sorte que le métier de copiste permettait aux moins talentueux des artistes de gagner très correctement leur vie. Le Duc de Mantoue envoya en 1602 le jeune Rubens à Venise et Rome pour qu'il exécute des copies des œuvres de Titien et Raphaël qu'il affectionnait particulièrement, comme tout bon amateur cultivé et érudit de son époque. Enfin, la rivalité avec les modèles du passé, en particulier les modèles antiques, fut un moteur puissant d'émulation des artistes. C'est grâce à une copie illusionniste que le tout jeune Michel-Ange se fit remarquer et adopter par Laurent le Magnifique : il parvint en effet à le duper sur l'authenticité d'un « antique » de sa propre confection ! Hier, la copie en soi n'a donc pas toujours été synonyme de contrefaçon en art, loin de là.

Absence de signature et falsification

Le problème de la falsification intervient à toutes les époques et concerne aussi bien les œuvres signées que les œuvres anonymes. Il s'amplifie avec l'ancienneté des œuvres : plus l'histoire d'une œuvre est longue, plus il est difficile d'en remonter le cours jusqu'à l'artiste. La datation et la provenance des antiques font par conséquent très régulièrement l'objet de remises en question au gré des découvertes archéologiques et historiques ou de l'aiguisement des méthodes d'observations scientifiques. En archéologie, l'authentification d'une œuvre repose non pas sur une signature, rarissime,

© Dunod. La photocopie non autorisée est un délit

mais sur une datation et une provenance. Pour les œuvres postérieures, les documents historiques écrits étayent les hypothèses. Enfin, à partir de la Renaissance, on peut escompter une signature et les examens historiques, stylistiques et scientifiques permettent de confirmer ou d'infirmer, le plus souvent de manière croisée, une attribution.

Une même caution pour une production en série

La problématique entre œuvre unique et multiple est au cœur du monde de l'art... de même que celle entre prototype et objet en série est au cœur de celui de l'industrie.

Ce dernier trait commun à la marque et à la signature reste à explorer, qui n'est pas le moins significatif. L'une comme l'autre, en effet, parraine et légitime la production en plusieurs exemplaires d'un même objet.

Loin de nous l'idée de contester l'unicité absolue et essentielle de la *Joconde* de Léonard de Vinci, des *Demoiselles d'Avignon* de Picasso ou des *Esclaves* de Michel-Ange. Pourtant, trois techniques artistiques majeures rendent possible la production de plusieurs exemplaires identiques d'une même œuvre, sans qu'il soit possible de donner à l'un ou l'autre de ces exemplaires le privilège de l'originalité. Il s'agit de la fonte en bronze, en sculpture, apparue dès l'Antiquité ; de la gravure, née au XVe siècle ; et enfin de la photographie depuis le XIXe siècle.

Nombreux sont les artistes, comme les industriels, à avoir cherché à multiplier les exemplaires d'une œuvre *a priori* unique.

Les raisons qui les poussèrent étaient moins financières que participant du souci d'assurer à leur modèle une diffusion importante ; elles étaient surtout destinées à permettre à des gens disposant de moins d'argent d'en bénéficier par le biais de l'édition d'un multiple.

Gravure, photographie et bronze

Utilisée par les artistes de la Renaissance, la gravure sur bois ou sur cuivre permit la diffusion très large des œuvres de Dürer, Schongauer, Cranach et Holbein. Au point que la gravure conquit alors le statut d'œuvre d'art à part entière. Dans le processus de fabrication, l'artiste intervient selon les cas et ses capacités techniques à différents stades de la gravure. Il réalise le support graphique initial évidemment mais il peut ensuite déléguer, superviser ou encore réaliser lui-même le travail de gravure, de sorte que l'estampe ou l'eau-forte qui en résulte peut être considérée comme une œuvre originale, dès lors que l'artiste en assume la conception, c'est-à-dire la responsabilité intellectuelle. La question posée par les tirages de gravures s'est élargie depuis un peu plus d'un siècle à ceux de la photographie. Qu'est ce qu'un original en la matière et comment évaluer la valeur d'un tirage ? Une échelle privilégie bien sûr les tirages d'époque, contemporains de l'artiste concepteur, et valorise dans une mesure moindre les tirages postérieurs à sa mort, jusqu'aux tirages contemporains lorsqu'ils sont encore possibles.

En sculpture, taille et modelage isolent sans conteste des pièces uniques. En revanche, la question des éditions multiples se pose à nouveau pour les fontes en bronze ou en acier, mais également pour certains marbres, lorsqu'ils sont reproduits de façon artisanale en respectant la technique utilisée par leur sculpteur à l'origine. De ce rapport particulier entre le moule et son résultat, Auguste Rodin ou Edgar Degas nous offrent des cas intéressants. Tous deux essentiellement modeleurs sont aujourd'hui respectivement connus pour des chefs-d'œuvre en bronze : *Le Penseur*, monumental, et la *Petite Danseuse de 14 ans*. Chacun de ces deux chefs-d'œuvre a pourtant fait l'objet de tirages en plusieurs exemplaires, qui plus est postérieurs à la mort de l'artiste dans le cas de Degas. On ne les considère pas moins comme des originaux.

La difficulté, en ce qui concerne par exemple les bronzes antiques, les gravures d'Albrecht Dürer ou les photographies de Stieglitz, c'est qu'aucune réglementation n'a longtemps protégé le nombre de tirages édités, avec ou sans accord des artistes, signés ou non. De sorte que circulent aujourd'hui sur le marché des pièces dont on est bien en mal de certifier l'authenticité et d'évaluer la valeur !

Deux textes en vigueur définissent aujourd'hui l'œuvre originale : la « marque de personnalité de l'artiste » est le critère déterminant dans le code de la propriété littéraire et artistique tandis que « l'intervention manuelle de l'artiste » prévaut dans le code des impôts. La réglementation actuelle consiste à limiter le nombre de tirages

© Dunod. La photocopie non autorisée est un délit

considérés comme originaux, quitte à contraindre un artiste qui souhaiterait éditer davantage d'exemplaires d'un même ouvrage. En sculpture, pas plus de 12 tirages en bronze peuvent être tirés et ces derniers doivent être numérotés. En gravure, le tirage ne doit pas dépasser 200 exemplaires et en photographie, de 10 à 30, les prix des œuvres étant fonction, bien sûr, de leur nombre d'exemplaires. Cela met essentiellement en évidence à quel point la multiplication des exemplaires met mal à l'aise le marché de l'art contemporain, alors qu'il ne dérangeait nullement les collectionneurs d'hier, pas plus d'ailleurs que les artistes. Et c'est bien là ce qui nous intéresse ici. La signature d'artiste, à partir du moment où elle était reconnue et identifiée, a toujours pleinement satisfait l'appétit des amateurs désireux de s'approprier un peu de sa gloire et de ses œuvres, fût-ce par le biais d'une œuvre diffusée et reproduite.

Art Nouveau et Bauhaus

L'œuvre d'art n'est surtout pas une pièce unique !

Mais pour aller plus loin, certains courants artistiques directement issus de la Révolution industrielle ont délibérément recherché la production en série et ont profondément modifié le statut de la signature d'artiste, la rapprochant encore davantage de la marque de fabrique.

Le premier d'entre eux fut initié en Angleterre, pays pionnier de l'industrialisation, par William Morris et John Ruskin. Leur projet : « se consacrer à la production d'objets utiles (...) à des prix peu élevés » et dotés « d'une valeur d'art ». Toute l'utopie de l'Art Nouveau qui gagne bientôt l'Europe entière est ainsi contenue dans cette ambition : produire en série, grâce à des moyens industriels, des objets utiles et esthétiques à la fois, puisque dessinés par des artistes véritables. Des Wiener Werkstädte à l'École de Glasgow en passant par Bruxelles, Paris et Barcelone, l'engouement fut considérable mais les résultat relativement maigres. Pourtant, en 1919, Walter Gropius relance un projet tout aussi ambitieux en fondant à Weimar le Bauhaus, une école rompant avec la hiérarchie entre « beaux-arts » et « arts décoratifs ». Fermée par le régime Nazi en 1933, l'école n'en a pas moins considérablement marqué une génération d'architectes, peintres, sculpteurs et designers sous l'influence de personnalités telles que Paul Klee, Marcel Breuer, Moholy-Nagy, Vassily Kandinsky. La signature du Bauhaus, comme celle de la Morris & Co précédemment, valait marque à part entière. Le design en est l'héritier direct et la signature apposée par Philippe Starck sur le verre Perrier ou le dernier modèle Puma, celle des Garrouste et Bonetti sur la bouteille Ricard ne sont que les prolongements de ces initiatives de la première heure.

Série limitée certes mais série tout de même !

Mais les allers retours de la signature d'artiste à la marque ne vont pas non plus sans humour et ironie.

Au-delà des ready made de Marcel Duchamp, se contentant d'exposer des objets manufacturés en guise d'œuvres d'art, les artistes américains du Pop Art détournèrent directement les objets de marque et effacèrent à leur profit, leur propre signature. Andy Warhol, leur plus célèbre porte-parole et représentant que nous citions en introduction, se faisait fort de n'avoir pas à se salir les mains pour faire œuvre d'art ! Il se contentait de sérigraphier les étiquettes de boîtes de conserves Campbell ou de bouteilles de Coca-Cola. « Si je peins de cette façon, c'est parce que je veux être une machine », commentait-il avec provocation. La dépersonnalisation du geste démiurge de l'artiste ne tue pas pour autant la signature comme le montre le Pop Art et, en particulier, la valorisation extrême atteinte précisément par celle de Warhol lui-même !

De la capacité technique à tirer plusieurs exemplaires, à la volonté de produire en série, et même jusqu'à la mise en scène de la signature de l'artiste en marque de fabrique, nous venons de voir à quel point les créateurs ont, par rapport à leurs œuvres, un positionnement parallèle à celui de la marque par rapport à l'un de ses produits.

***

Rapprocher marque et signature d'artiste s'avère donc riche d'enseignements. L'éclairage de la signature d'artiste permet ainsi d'envisager la complexité des questions de marque sous un jour nouveau.

Un clin d'œil publicitaire pour terminer sera probablement le plus éloquent des commentaires. En 1989, le chocolat italien Droste opposait sur une même affiche publicitaire deux images : un faux autoportrait de Van Gogh avec un bras cassé et un assemblage de

© Dunod. La photocopie non autorisée est un délit

plaques de chocolat. Le premier portait la mention « *Faux Van Gogh* », le second « *Authentique Droste* ». Le produit chocolat se trouvait donc érigé au niveau d'un Van Gogh… à condition toutefois que l'on prenne bien garde à la signature, c'est-à-dire à la marque ! Et le renversement inattendu octroyait au chocolat Droste la valeur inestimable refusée à un Van Gogh dont tout le monde sait qu'il ne s'est jamais peint avec un bras cassé mais avec une oreille coupée.

« Paul Ricard et l'art contemporain, un enjeu d'image pour la marque et la passion d'un homme »

Entretien avec Colette Barbier

Espace Paul Ricard

En plein cœur de Paris, entre la Madeleine et la place de la Concorde, mais à l'écart des circuits institutionnels, l'Espace Paul Ricard consacre à l'art contemporain expositions, rencontres, conférences depuis une douzaine d'années. Comment ce lieu inédit, dédié à la création contemporaine la plus déroutante, s'est-il imposé dans la politique de mécénat de l'entreprise et quelle est sa place ?

Ce lieu ouvert au public porte aussi le nom de l'entreprise, l'une des principales filiales du groupe Pernod-Ricard. Il est directement rattaché à la Présidence, ce qui lui donne d'emblée une place stratégique au sein de l'entreprise. Son fondement repose sur les valeurs historiques de la société Ricard. Artiste peintre lui-même, ami de nombreux artistes tel Dali, Paul Ricard a été un pionnier du mécénat d'entreprise et créa dès l'origine de l'entreprise, des lieux ouverts aux artistes ; c'est donc tout naturellement que depuis bientôt dix ans, l'art contemporain dans ce qu'il a de plus innovant a pris place à l'Espace Paul Ricard et il n'a fait que s'affirmer au fil des années. Cet espace a aussi répondu à un besoin de repositionnement de la marque et d'image à l'époque de sa création. Le rajeunissement de la marque et sa revalorisation ont trouvé là une résonance efficace et pertinente. Il s'agit ici de montrer les artistes jeunes qui nous offrent un regard neuf sur le monde qui nous entoure et qui n'ont pas encore une visibilité suffisante dans le milieu de l'art. Nous les accompagnons dans leur démarche en leur offrant un lieu d'exposition public, notre savoir-faire et notre réseau de relations. Cet engagement nous a permis de construire d'année en année une légitimité et une crédibilité dans le milieu culturel, un challenge qui n'était pas gagné d'avance !

Justement, comment vous situez-vous par rapport à d'autres musées d'art contemporain comme le Palais de Tokyo, Beaubourg, et à d'autres lieux privés comme la fondation Cartier, ou la Maison Rouge qui vient d'ouvrir dans le quartier de Bastille ?

Il n'est pas question de se comparer aux institutions avec lesquelles nous entretenons d'ailleurs d'excellentes relations. Nous sommes complémentaires car notre vocation est précisément de montrer de jeunes créateurs qui n'ont pas encore de visibilité affirmée dans le milieu de l'art. Notre démarche est donc de les aider à gravir les marches qui leur permettront demain d'accéder à ces institutions. Je crois que notre liberté et notre parti pris ont vraiment crédibilisé notre travail. Être acteur à part entière de la vie artistique contemporaine était notre ambition, c'est une réalité aujourd'hui. Nous-mêmes avons mûri dans l'éducation de notre regard et les projets que nous exposons aujourd'hui n'auraient probablement pas pu l'être il y a 8 ans. Notre public de jeunes artistes, de critiques d'art, de collectionneurs, d'étudiants, de professionnels issus des milieux de l'art, de la publicité et de la presse participe aussi à nous encourager dans une démarche audacieuse et engagée. Notre exposition actuelle par exemple présente une installation qui dénonce une fermeture d'usine très mal vécue par des salariés. Ces derniers racontent la manière dont ils ont vécu cette rupture sur des vidéos, sans ambages. Mais mise à part cette liberté, la nature particulière de ce lieu, financé par une entreprise, réside aussi dans sa convivialité, sa simplicité. Cet espace ouvert à tous ne se présente pas comme un espace imposant ou prétentieux, il se veut au contraire accueillant et ouvert à tous. Venir à l'Espace Paul Ricard, c'est aussi pour le public non initié, mieux apprendre à connaître l'art contemporain en rencontrant des artistes, des critiques d'art ou en participant à des conférences comme les entretiens sur l'art, dirigés par la critique Catherine Francblin.

Mais qu'en est-il des collaborateurs de Ricard ou du groupe ? Vous semblez très affranchis par rapport à l'entreprise. Dans quelle mesure est-elle représentée ici ?

L'une des valeurs phare du groupe est la créativité et la capacité d'entreprendre. L'art contemporain et le soutien aux jeunes artistes sont en parfaite cohérence avec cette valeur qui anime l'entreprise. Par ailleurs, la société Ricard a toujours pensé qu'il était très important, une fois la politique de mécénat bien définie, de donner une grande autonomie à ceux qui en avaient la charge. Dans ce cadre, je peux agir en toute liberté, tout en respectant les valeurs de l'entreprise. C'est d'ailleurs pour moi très naturel puisque je suis issue de l'entreprise et donc très imprégnée de sa culture. La notoriété grandissante de l'Espace Paul Ricard génère également une visibilité auprès des collaborateurs et de leur environnement professionnel.

© Dunod. La photocopie non autorisée est un délit

Ils sont, je crois, fiers d'appartenir à une entreprise mécène et de voir que cette tradition perdure.

Au quotidien, quelles sont les difficultés les plus importantes que vous rencontrez en tant que lieu d'exposition privé ?

Les relations avec les artistes sont extrêmement enrichissantes mais elles demandent beaucoup de temps d'écoute et de compréhension. La méconnaissance du monde de l'entreprise rend parfois les artistes méfiants à leur égard. D'où l'importance d'un Espace autonome, comme celui-ci, pour les rassurer sur notre démarche. Autre difficulté : les coûts sans cesse en augmentation des productions et installations des œuvres qu'il faut gérer.

Quels sont vos projets et vos ambitions pour l'avenir ?

La programmation de l'année 2005 est déjà établie. Nous voudrions, au-delà de ce qu'elle réserve comme surprises et découvertes, accentuer notre intervention, amorcée ces dernières années, dans la production d'œuvres et dans l'édition. Quant à la liberté de ton, que ce soit dans les débats organisés autour des artistes ou dans la programmation des expositions, elle est notre gage de confiance et de crédibilité, nous la cultiverons donc avec soin !

PARTIE 2

ART ET STRATÉGIE D'ENTREPRISE

Chapitre 6

CRÉATION ARTISTIQUE ET PRODUITS COMMERCIAUX

« Il n'est pas de nos jours un seul fabricant depuis la General Motors jusqu'à la compagnie des biberons musicaux, qui songerait à lancer un produit sur le marché sans le concours d'un dessinateur. Tout cela s'est fait en vingt ans. J'estime que c'est un triomphe absolu avec ma théorie première, à savoir qu'une présentation irréprochable serait un jour partie intégrante du planning de tous produits ou entreprises commerciales dans tous les domaines. »

Raymond Loewy, designer, 1950

Lorsqu'on invoque l'art en matière de production commerciale ou industrielle, on s'expose à une double contradiction. L'œuvre d'art est essentiellement perçue sous sa dimension esthétique, tandis que le produit industriel, qu'il s'agisse d'ailleurs d'un bien de consommation ou d'équipement, doit d'abord être fonctionnel et reproductible en série.

Si l'art peut apporter quelque chose aux produits d'une entreprise, ce serait donc la beauté d'une part et l'exclusivité d'autre part. Le secteur du luxe, qui se définit précisément par ces deux critères d'exclusivité et de beauté, est pourtant bien loin d'être le seul champ d'intervention de la création artistique. L'histoire de la production industrielle et commerciale nous montre en effet que celle-ci s'est immiscée très tôt dans les secteurs économiques les plus divers et les plus « vulgaires ».

Pourquoi, comment, et avec quels enjeux économiques ? Peut-on pour autant réduire l'œuvre d'art au seul produit artistique ?

L'œuvre d'art est-elle un produit comme les autres ?

L'âge des arts industriels

L'ère industrielle émerge vers le milieu du XVIIIe siècle en Angleterre puis en France. La substitution de la machine au travail manuel et la naissance de nouvelles sources d'énergie (vapeur, charbon) démultiplient la possibilité de produire des objets en série. Et les acteurs du monde de l'art, bien loin de s'en offusquer, sont naturellement attirés par les nouveaux moyens techniques que leur offre la révolution industrielle. À partir du milieu du XIXe siècle, certains d'entre eux vont jusqu'à prendre eux-mêmes l'initiative. C'est par exemple le cas en France d'un Christofle, orfèvre à l'origine, qui rachète dès 1841 une invention, le procédé de l'électrolyse, pour l'appliquer à son métier. L'alliance d'un sens commercial certain et d'une innovation esthétique, appuyée par une publicité et un réseau de vente efficaces, apporte la prospérité à sa célèbre entreprise. Dans ces années 1840-1850, naissent plusieurs mouvements et sociétés qui se donnent pour vocation d'encourager les collaborations entre artistes et industriels, dans un esprit rationaliste et progressiste. Le terme « d'arts industriels » commence à s'imposer et l'exposition universelle de Londres en 1851 voit culminer la foi en une « sainte alliance » entre l'art et l'industrie. Parce que l'art apporte savoir-faire et sens esthétique, il s'intéresse naturellement aux techniques industrielles et rassure quant à leur production qui révolutionne le rapport des consommateurs aux produits.

Mais comment concilier art et industrie ? L'art, qui n'a pas vocation à être commercial, peut-il sans risque de se perdre s'associer aux besoins et aux exigences purement industrielles ? Bref le produit artistique peut-il être assimilé à un produit tout court ?

Il y a là, à n'en pas douter, une contradiction intrinsèque dont les conséquences seront, en tout état de cause, particulièrement fécondes.

Un débat idéologique et identitaire

John Ruskin et William Morris fondent en 1862 le mouvement Arts & Crafts, littéralement « arts et métiers ». Ces deux Anglais jettent alors le premier pavé dans la mare en affirmant que non, le produit artistique ne saurait être industriel et doit résolument rester artisanal, c'est-à-dire, fruit d'un travail manuel et individuel. La peur de la standardisation et de l'uniformisation préside à leur virulent engagement. Pour autant, ils ne rejettent pas en bloc le principe de la diffusion large de leurs productions et tentent de répondre aux besoins fonctionnels de leurs contemporains. La contradiction ne sera malheureusement pas viable et l'échec de leur utopie sociale cuisant. Mais l'écho international de leur rébellion suffit à faire mesurer l'ampleur du débat. Désormais la problématique sera de concilier : esthétique artistique, fonctionnalité, production en série, valeurs humanistes, spontanéité naturelle et exigences industrielles… rien que ça !

L'avènement de l'ère industrielle a remis en cause une conception séculaire de l'œuvre d'art en bouleversant les priorités des artistes et en rendant possible cette double identité. C'est pourquoi, paradoxalement, le débat intellectuel va se radicaliser pendant le XIXe siècle, en pleine révolution industrielle, entraînant deux perceptions parfaitement antinomiques de l'œuvre d'art.

D'une part, les tenants d'un art fonctionnel encouragent les artistes à collaborer avec les industriels avec enthousiasme. D'autre part, les défenseurs de l'art idéaliste et indépendant des contingences matérielles les invitent à se méfier de toute alliance avec ce qui pourrait contraindre leur liberté de création, de quelque manière que ce soit. La sacralisation de la gratuité de l'œuvre d'art et du geste créateur atteint paradoxalement son paroxysme au moment même où l'opportunité se présente pour l'artiste et son œuvre de rencontrer un large public, par le biais d'une diffusion inédite de ses productions ! C'est qu'il n'avait jamais été possible de concilier esthétique et utilité à une échelle aussi large que celle que permettait l'industrialisation.

La naissance du design

Au-delà de ce débat théorique et presque philosophique, ce sont les études de cas qui s'avèrent les plus riches d'enseignements pour ce qui concerne notre propos. Depuis le milieu du XIXe siècle jusqu'au début du XXe siècle, les expérimentations sont en effet nombreuses entre artistes, ingénieurs et industriels.

Ce n'est pas parce qu'il est difficile de concilier des méthodes de travail différentes, des traditions opposées, des vocations antinomiques, que les uns et les autres se tournent le dos, bien au contraire !

© Dunod. La photocopie non autorisée est un délit

Loin de s'ignorer, ils se jaugent, s'estiment, s'approchent, voire s'associent, plus ou moins durablement. Le cas d'Émile Gallé est assez exemplaire. Homme d'affaires redoutable, le maître nancéen de l'Art Nouveau, orchestra une production courante à succès pour financer ses expérimentations plus aléatoires et exclusives. Il sut ainsi récupérer une méthodologie industrielle sans renoncer à sa vocation d'artiste mais, pour ce faire, il dut mener deux activités parallèles. La voie reste aujourd'hui employée par certaines entreprises, en particulier dans le domaine du luxe.

L'Autrichien Michaël Thonet parvint, quant à lui, à concilier rentabilité commerciale et esthétique formelle. La chaise dite « Bistrot », vendue à plus de 50 millions d'exemplaires entre 1859 et 1930, est faite de quelques pièces de bois courbé, grâce à un procédé de chauffage du bois à la vapeur, assemblées par simple vissage (voir cahier central p. v). Le succès du modèle, abondamment imité, ne s'est pas démenti jusqu'à nos jours ! Mais le premier exemple que l'on peut qualifier de « design » au sens moderne du terme est celui de Peter Behrens, entré au service de l'entreprise d'électroménager AEG dès 1908. Cet architecte allemand conçut le logotype d'AEG, des en-têtes de lettre, des produits, mais aussi du mobilier de bureau, des usines et même des cités pour ouvriers. On pourrait presque parler de « design global » à travers cet exemple pionnier, si le terme n'était en l'occurrence encore anachronique. Il fut d'ailleurs le premier directeur artistique de l'histoire, recruté comme tel !

Mais il est encore un autre grand moment de collaboration entre les artistes et l'industrie qui coïncide étonnamment avec la révolution de l'art abstrait, au tournant des années 1910. En effet, on pourrait s'étonner que l'abstraction n'ait pas creusé le fossé entre l'utilitaire exigence du produit et la gratuité de l'œuvre ! La villa Schröder dessinée par Mies van der Röhe et le fauteuil dit « néoplastique » de Gerrit Rietveld en 1917 sont pourtant directement issus des toiles minimalistes de Piet Mondrian et ces artistes se retrouvent d'ailleurs au sein du groupe De Stijl. Leur esthétique abstraite nourrit encore l'idéal du Bauhaus, fondé en 1919 à Weimar, qui ambitionne de la concilier avec une production de masse. De même, à partir des années 1930, l'architecte Le Corbusier et la créatrice de mobilier Charlotte Perriand noueront un dialogue fécond qui débouchera même sur une véritable « création à quatre mains ».

En somme, ces quelques exemples, arbitrairement extraits de l'histoire de l'art, témoignent essentiellement de la continuité et de la diversité à travers lesquelles art et industrie ont évolué dès la naissance de la machine au milieu du XVIIIe siècle. Alors que les mouvements théoriques contemporains argumentaient de manière aussi farouche que contradictoire en faveur ou défaveur d'une collaboration possible, les faits, en réalité, parlent d'eux-mêmes. Il n'est pas question ici de nier la différence fondamentale entre un produit artistique et un produit industriel mais simplement de repérer que l'intervention de la création artistique dans la production industrielle fait partie de son histoire, dès ses origines. Elle repose sur une problématique éminemment complexe que nous avons déjà évoquée : concilier fonction et plaisir, utilité et esthétique, naturel et technicité, qualité et rentabilité. Or en la matière, la créativité artistique complète de manière irremplaçable les compétences de l'ingénieur et de l'entrepreneur. Le regard transversal propre à l'artiste est seul à dépasser ces irréductibles contradictions. Elle a donc peu à peu pris une place de plus en plus claire et assumée, structurée et organisée au sein de l'entreprise, au service du produit, et pour le plus grand profit du consommateur.

La professionnalisation du design

Design : « discipline visant à la création d'objets, d'environnements, d'œuvres graphiques, etc., à la fois fonctionnels, esthétiques et conformes aux impératifs d'une production industrielle. » (définition du *Petit Larousse*, 1989). Par un curieux détour de l'histoire, le terme est un anglicisme forgé sur un mot français : « dessein », qui signifie à la fois dessin et projet. Il est apparu aux États-Unis et en Angleterre après la crise de 1929 mais ne s'est imposé en France que dans les années 1960. On parlait jusqu'alors d'esthétique industrielle. La très progressive substitution de terme est significative de la lenteur avec laquelle a mûri la notion même de design.

C'est à Raymond Loewy que l'on attribue la paternité de la professionnalisation du design. Dessinateur de formation, Loewy émigre aux États-Unis au lendemain de la Première Guerre mondiale après cinq années de front passées au service des transmissions,

© Dunod. La photocopie non autorisée est un délit

expérience sans doute formatrice. Le jeune Français inaugure une appréhension de l'objet industriel totalement inédite qui a fait de lui le pionnier du design et une légende en la matière. Aux collaborations ponctuelles entre artistes et entreprises, il substitue une approche de continuité, avec des contrats allant jusqu'à dépasser 15 ans avec ses clients. À l'apport essentiellement esthétique, il apporte une compréhension plus globale du produit, un bon sens essentiel, un souci de qualité de vie tout simplement. Dans le programme qu'il effectue pour la NASA, par exemple, il propose d'installer un hublot dans la navette Skylab : géniale intuition qui rendra possible l'émerveillement médiatique des astronautes et sublimera l'exploit scientifique ! Doué d'un sens des affaires et de la communication inné, Raymond Loewy a signé des projets aussi divers que célèbres, tant dans le domaine de la conception de produits que des transports, du packaging, de la typographie ou de l'aménagement de magasins. Sa signature est associée au réfrigérateur Coldspot, aux automobiles de la firme Studebaker, au logotype de LukyStrike. Son agence comptait près de 200 collaborateurs au milieu des années 1960 ! Quelques leitmotive simples président à chacune de ses réalisations : rapidité d'exécution, simplicité, facilité d'entretien, plaisir hédoniste d'utilisation, résistance à l'usage, expression de la fonction dans la forme. Le titre de son livre parle de lui-même : *La laideur se vend mal.* Loewy aura jeté les bases d'une profession indépendante, celle de designer, dont aujourd'hui aucun industriel ne songerait à se passer. Et c'est là la place historique qui lui revient de plein droit.

Profession designer

> « Vous voulez parler de design ? Je déteste ça ! Vous pouvez repartir chez vous. La la la la la. Le métier de designer est un des métiers qui touchent de très près à ces évolutions et il peut, il doit participer à la recherche du sens, à la reconstruction d'un monde civilisé. »
>
> Philippe Starck, (site philippe-starck.com)

Designer : « Celui qui conçoit et développe de nouveaux produits en tenant compte des besoins définis par le marketing et des normes techniques établies par le bureau d'études ; celui qui investigue différentes techniques de fabrication et propose des matériaux nouveaux ; il produit des dessins et maquettes et se documente sur les nouvelles technologies, styles et modes de comportement. » De formation artistique, le designer est d'abord et avant tout un créatif. Mais il intervient au carrefour de contraintes techniques, commerciales et culturelles. Précisément, c'est son identité créative, sa formation artistique, qui rend possible une intervention pertinente, donc productive, parce que transversale et par définition imaginative. Pour autant, celle-ci n'est pas simple et recouvre en fait une infinie diversité de situations.

La grande diversité des interventions de Philippe Starck, artiste et producteur d'objets...

Il faut d'abord distinguer plusieurs niveaux d'intervention possibles du designer : le graphisme (identité graphique, logotype, typographie, affiches...) ; la conception de produit ; la conception d'emballages ou packaging. Les entreprises peuvent par ailleurs opter pour plusieurs méthodologies selon la place qu'elles accordent au design. Elles font le plus souvent appel à des interventions extérieures, par le biais de designers indépendants ou d'agences. Le célèbre designer français Philippe Starck est ainsi très sollicité par une grande diversité de marques et de produits : le verre Perrier, une basket Puma, la bière 1664, des produits alimentaires bio, du mobilier... Mais de plus en plus de sociétés intègrent désormais la dimension créative au sein même de la production, soit dans un département Design, soit dans les différentes directions impliquées dans la chaîne de production (recherche et développement, marketing, communication, distribution...). En fait, la plupart du temps, l'entreprise dispose de créatifs en interne mais dispose également d'interlocuteurs externes, agences ou indépendants. L'interpénétration des métiers d'étude, de marketing, d'ingénierie et de design est parfois très ambiguë. Chez Lafuma par exemple, les designers sont aussi chefs de produits et travaillent dans les mêmes bureaux que les ingénieurs. Plusieurs questions, dès lors, se posent : quels sont les enjeux du design pour le produit concerné, pour la marque, pour l'entreprise ? Comment l'entreprise manie-t-elle la créativité artistique du design avec ses différentes directions, en particulier financière, commerciale, technique ?

© Dunod. La photocopie non autorisée est un délit

Comment peut-on en évaluer les retombées qualitatives et quantitatives sur son activité ? Ces questions placent le design au cœur des enjeux stratégiques de l'entreprise, depuis la conception jusqu'au lancement d'un produit sur le marché.

Design intégré...

Le cas de Renault propose un modèle de stratégie fondée sur une créativité artistique extrêmement structurée et efficace, en termes de management. En 1927, General Motors, concurrencé par l'avance technologique et historique de Ford, avait décidé de créer un service intégré de création, le « Art & Colors studio », qui deviendra le « Styling », et s'était imposé comme numéro un mondial de l'automobile. Sur son exemple, Renault fait appel à des créatifs externes dès le lendemain de la Seconde Guerre mondiale avant de créer un service de Style intégré en 1960, aujourd'hui Direction du Design Industriel. À la démarche initiale concentrée sur l'apparence extérieure des voitures, couleurs et formes, s'est aujourd'hui substitué un véritable outil global de production, largement remodelé depuis l'arrivée de Patrick Le Quément en 1987 à la tête du Design (voir entretien, p. 87). La Twingo, modèle lancé en 1993, est directement issue de ce dernier. À l'origine, un directeur de projet, véritable chef d'une équipe transversale incluant entre autres, un chef de projet « design », chargé plus particulièrement d'assurer la médiation entre les directions du Design, des Études et de la Fabrication ainsi que de garantir la conformité entre le projet et le produit final. Ce qui est intéressant dans ce cas, c'est l'encadrement à la fois rigoureux et transversal mis en place autour des responsables du nouveau produit, pour permettre à la fois une créativité maximale et une intégration optimale de toutes les caractéristiques du produit : innovation de l'aménagement de l'habitacle, coût peu élevé, taille réduite. En outre, le design a été pris en compte dès la conception et jusqu'à la livraison de la voiture comme un élément à part entière. L'autonomie du produit et la créativité dont il a besoin pour exister sont le point de départ de toute une organisation interne. Le modèle de management qui a permis à la créativité de faire valoir ses droits dans le milieu d'ingénieurs de l'industrie automobile est ici aussi innovant que performant.

... ou designers extérieurs

Dans la réalité la plus courante, les entreprises restent distantes à l'égard de la profession créative. Elles privilégient un dialogue plus ou moins étroit avec des partenaires externes. Tel est le message de Sandrine Girard, chef de produit Elida-Fabergé : « Nous travaillons de façon systématique avec un petit nombre d'agences, de façon à capitaliser sur leur connaissance du produit. (...) En phase de développement industriel, nous attendons surtout de l'agence qu'elle garantisse l'intégrité du design et tienne le cap sur la qualité du projet. » Chez Sanofi-Synthélabo, Lydie Beaugendre explique à son tour : « Notre stratégie est de faire appel à des designers extérieurs, choisis en fonction des particularités du produit à développer. Nous travaillons à la fois avec des agences de design et avec des créateurs indépendants. C'est la structure Développement Produits qui initie les projets, en définissant un concept sur la base duquel elle interroge plusieurs designers. L'agence ou le designer choisi travaille ensuite en collaboration étroite avec la structure Développement Produits, qui assure également l'interface avec les services Marketing et Industriel. »

Le design pour faire joli ou pour vendre ?

Ni pour faire joli, ni pour vendre, le design est né pour participer au profit. La profession, relativement récente, n'a cessé d'évoluer et la maturité à laquelle elle est parvenue aujourd'hui se mesure à l'ampleur des questions qu'elle pose. De par sa nature créative, le design n'est certainement pas voué à se figer dans une identité professionnelle définitive, si commode fût-elle. Quels en sont les apports pour les produits d'une entreprise ?

Quand on parle de design, on parle bel et bien d'art.

La recherche esthétique est au cœur du design

De fait, l'enjeu esthétique du design est indéniable puisqu'il ne s'agit rien moins que de réconcilier beauté et créativité d'une part et fonctionnalité et ergonomie de l'autre.

© Dunod. La photocopie non autorisée est un délit

À ceci près que ce qui était hier l'apanage des rois et des riches est désormais devenu celui de vous et moi…

On en trouve la meilleure trace dans l'histoire formelle des produits et du design, qui se dessine en parallèle étroit avec l'histoire de l'art, depuis l'Art Nouveau, l'Art Déco, le Design Pop, le bio Design, etc. On notera au passage que tous ces sigles évoquent un style qui a des traductions diverses non seulement pour ce qui concerne le mobilier et les objets d'art mais également en peinture et en sculpture, arts dits « majeurs ».

Preuve de sa place indéniable dans l'art, le design vient de faire son entrée à la FIAC, la foire internationale d'art contemporain de Paris, cet automne 2004.

Revenons à présent dans le monde de l'entreprise.

Pour un produit, l'apport esthétique est une valeur ajoutée certaine à la condition toutefois de présenter une cohérence avec lui, c'est-à-dire de véhiculer un message, de communiquer sur sa qualité, sa fiabilité, la légitimité de l'entreprise ou de la marque. La qualité formelle et visuelle d'un produit, si elle est dissociée de son usage et de ses qualités techniques ou contradictoires avec son coût ou la culture de la marque, brouille son identité même. C'est dire si elle y participe ! Notre culture visuelle et télévisuelle est rétive aux objets ternes et muets. L'esthétique est devenue le langage du produit, un support de communication primordial pour l'entreprise. Il ne s'agit moins de faire joli que de trouver une forme expressive et riche de sens.

Dans la société de consommation et du spectacle, l'art, une fois encore, est bien le mieux placé, sinon le seul, à pouvoir répondre correctement à ce type d'enjeu.

Du défi technique à la dimension psychologique

Dans la vie des gens, l'enjeu strictement esthétique et formel se suffit donc rarement à lui-même et n'a guère de sens en tant que tel.

Et le design regarde aussi du côté des innovations techniques qui fascinent les artistes depuis toujours. Streamline et aérodynamisme dans les années 1930, ergonomie et biodesign dans les années 1970-1980… L'amélioration formelle ou sensorielle d'un produit n'est jamais gratuite. La créativité englobe en fait un ensemble d'apports que ni l'ingénierie, ni la fabrication, ni le marketing ne pourront lui procurer et qui pourtant sont indispensables au succès commercial du produit. Le dessin de la bouteille de Coca-Cola ne répond à aucune contrainte précise d'ordre technique ou économique. Fruit d'une invention artistique, il a très largement participé à faire du produit une légende et lui reste associé à l'âge contemporain des canettes. Pourquoi ? Une forme galbée évoquant des formes féminines proportionnées et séduisantes, facilitant astucieusement la préhension en remplissant la main, une répartition inégale des épaisseurs de verre améliorant la résistance à la casse, bref une réussite aussi visuelle que sensorielle et pratique ! « La qualité perçue par le client est une impression d'ensemble renforcée par des sensations. Ce mécanisme inconscient de la perception du produit est au cœur des préoccupations du designer, dont le travail est de solliciter les sens du client : le visuel et l'auditif, mais aussi le toucher et l'odorat… » (Patrick Le Quément est directeur du Design chez Renault.) En bref, l'artiste apporte une dimension psychologique au produit aussi utile qu'irremplaçable : « Parler de l'objet n'est pas intéressant ; ce qui l'est, c'est de parler de ce que l'on en pense, de la mémoire qu'on en a », n'hésite pas à affirmer Philippe Starck. C'est que, comme l'explique François Granon : « Quand il présente sa chaise "Miss Trip", Starck nous dit qu'elle est "l'archétype de la chaise de cuisine sur laquelle maman servait le café au lait". On n'achète pas une chaise, mais l'odeur du café au lait et la maman en prime » (*Télérama* n° 2464, 1997). Autant de facteurs essentiels dans les mécanismes déclencheurs de l'achat et qui confirment la nécessité accrue d'inclure la créativité artistique directement dans la production.

Du design à l'objet de légende

L'apport artistique du design se mesure aussi à l'aune de l'impact culturel d'un produit. Celui-ci est parfois spectaculaire. Sur quoi reposent les mythes de la Coccinelle de Volkswagen, la chaise Bistrot de Thonet ou encore du petit beurre de LU, sinon des plastiques reconnaissables entre mille et les yeux fermés ? Ces formes ont coïncidé avec des performances techniques et économiques auxquelles

© Dunod. La photocopie non autorisée est un délit

elles ont simplement apporté une expressivité. Une expressivité formelle sans laquelle les produits en question ne seraient sans doute pas entrés dans la légende ! Sans prétendre rivaliser avec ces mythes, certains produits peuvent néanmoins, par leur dimension créative, apporter une aura culturelle et identitaire à l'entreprise. On identifiera sans peine un style Sony : compact, innovant, épuré, froid. L'esthétique de la Coccinelle mais aussi celle de la DS de Citroën en son temps ou plus récemment celle de la Twingo ont eu un impact sur les tendances générales du design. Tout comme il y eut un Design Pop issu du Pop Art, on peut parler de « style Coccinelle », ou de « style DS ». Tout simplement parce que la dimension artistique impliquée dans la création d'un produit, à quelque niveau que ce soit, participe pleinement de la créativité plus générale d'une époque et constitue un véritable miroir culturel. C'est aussi tout l'honneur et le mérite d'une entreprise que de s'associer à ces temps forts de l'histoire à laquelle elle appartient, non seulement par ses performances commerciales mais aussi par ses prises de risque artistique. Ses produits en sont le vecteur de captation le plus pertinent.

Le design, outil stratégique de marketing

Dès l'étape de conception d'un produit, dans les départements d'études, recherche et développement, les créatifs sont désormais présents. Pour anticiper sur les attentes et les besoins de consommateurs, il ne s'agit pas de se contenter de « humer » l'air du temps et de « surfer » sur les modes – par définition éphémères – mais bel et bien de transposer des aspirations plus profondes, culturelles, sociologiques, que seuls les artistes sont à même de capter, consciemment ou non, et de formuler, par les moyens plastiques qui constituent leur langage propre. C'est même là leur aptitude première. Aussi leur intervention bien comprise et balisée par l'entreprise peut-elle devenir une clé essentielle de réussite et de renouveau.

Le cas de Lafuma est à cet égard intéressant. L'entreprise a connu le succès dès les années trente avec les sacs à dos à armatures métalliques, à la fois ergonomiques, confortables et légers, puis le matériel de camping a pris le relais dans les années 1950. Mais au début des années 1980, un dépôt de bilan oblige l'entreprise à revoir sa stratégie. Outre dans une diversification de la production, Lafuma s'engage dans une redéfinition globale de son image et investit massivement dans le design. Pari gagné aujourd'hui avec la réussite d'un produit phare : le fauteuil pliable ultraléger, le « pop up », fabriqué à plus de 150 000 exemplaires depuis 1992. Devenu emblématique de la renaissance de Lafuma, ce produit est d'abord une réussite de designer ! L'appel à l'art a ici permis à l'entreprise de se « remettre en selle », se relancer, se redonner une identité émoussée ou diluée.

Une invention de designer : le marché de la brosse à dents !

Un exemple encore plus surprenant, celui de la brosse à dents ! Le marché potentiel en est considérable en France : les Français en achètent en moyenne deux par an, alors que les Japonais la renouvellent cinq fois dans l'année et les Américains trois ! Qui plus est, un certain nombre d'innovations techniques ont récemment permis d'améliorer la fabrication en terme de coût, légèreté et plaisir du toucher. Bref, le marketing s'est emparé du produit en faisant appel… à des designers ! Philippe Starck planche pour Fluocaril dès 1990 puis les grandes marques de dentifrices emboîtent le pas. Mais Lydie Beaugendre, Marketing International Sanofi-Synthélabo s'en explique mieux que personne : « L'intégration du design a révolutionné le monde de la brosse à dents et a eu une influence nouvelle et importante sur l'image de la marque Fluocaril, qui a été parmi les premières à le proposer. Pour Fluocaril, le design est toujours l'expression d'une innovation technique, qui correspond à un bénéfice consommateur. La démarche innovation et design constitue un effort important pour l'entreprise, qui mobilise beaucoup de moyens humains et financiers. Cet effort est tout à fait perçu par nos clients, puisque notre part de marché est en progression constante. » En l'occurrence, la créativité artistique, appuyée par une démarche marketing réfléchie, a purement et simplement permis de créer un nouveau marché.

Le produit de luxe

La beauté matérielle du produit de luxe repose sur un savoir-faire, généralement garanti par la longévité de la marque ou de l'entreprise,

© Dunod. La photocopie non autorisée est un délit

et des matériaux d'exception (or, pierres précieuses, peaux exotiques, fourrures...).

Mais elle trouve forme grâce au talent de son créateur, fondateur de l'entreprise ou directeur artistique, dont la fonction est de faire en sorte que le produit de luxe s'apparente pleinement à une œuvre d'art.

Le territoire des marques de luxe et celui de l'art se recoupent ainsi en de nombreux endroits.

La consécration récente muséographique des grands couturiers, la médiatisation spectaculaire des spectacles que sont devenus les défilés de haute couture, la starisation des directeurs artistiques tels John Galliano ou Tom Ford, les nombreux exemples de collaborations entre les marques de luxe et les artistes contemporains, attestent de l'exigence des industriels du luxe en matière de création artistique. Certes, le coût en est très élevé mais il fait partie prenante de la profession. Les industriels et fondateurs de maisons de luxe ne sont pas dupes pour autant de l'illusion puisqu'ils ont toujours su aller chercher dans le registre artistique la créativité dont ils avaient besoin au plus haut niveau. Le couturier Paul Poiret s'associa avec le peintre Raoul Dufy pour créer des tissus. Elsa Schiaparelli très proche des surréalistes Dali, Cocteau ou Tzara, s'exprimait en ces termes en 1954 : « Travailler avec des artistes avait quelque chose d'exaltant ; on se sentait aidé, encouragé au-delà de la réalité matérielle et ennuyeuse qu'est la fabrication d'une robe à vendre. » Yves Saint-Laurent crée en 1960 une collection Pop Art, directement inspirée de l'art d'Andy Warhol et quelques années plus tard des robes inspirées par les tableaux de Mondrian. Dans les années 1980, Jean-Charles de Castelbajac demande carrément aux artistes Robert Combas, Annette Messager, Miquel Barcelo ou Ben, d'utiliser ses robes comme des toiles à peindre ! La rencontre se fait étroite également entre créateurs de haute couture et art du passé. Mario Fortuny dessinait des pourpoints inspirés des tableaux de Carpaccio. Yves Saint-Laurent rendit plusieurs hommages picturaux mémorables à Mondrian (1965), Vélasquez et Delacroix (1977), Picasso (1979), Van Gogh (1988). Plus près de nous, Christian Lacroix trouve toujours une inspiration foisonnante dans l'univers exubérant de l'art religieux baroque.

***

« Pour susciter la gourmandise, rien de tel que de séduire l'œil », affirmait Louis Lefèvre-Utile, faisant, dès 1886, appel aux meilleurs créateurs de l'époque pour la promotion de ses produits. La rencontre de l'art et de l'industrie naissante dès le milieu du XVIIIe siècle a posé très tôt la question de l'apport de la création artistique dans la production commerciale. Et il est tout à fait remarquable que celui-ci se soit imposé peu à peu, ait mûri et pris sa place, en dépit d'un débat intellectuel et théorique sans fin. Si l'œuvre d'art reste irréductible à l'univers commercial et industriel par définition, la preuve est faite que la création artistique a beaucoup à apporter à l'entreprise, pour ses produits, et ce dans quelque secteur que ce soit. La professionnalisation du design montre l'intelligence croissante avec laquelle créatifs et industriels sont capables de travailler pour mettre au point des produits plus innovants, plus cohérents, plus satisfaisants, plus séduisants. L'apport artistique est aujourd'hui devenu essentiel en ce qu'il répond aux exigences accrues du marketing et des consommateurs : satisfaire les sens, donner de la cohérence, incarner du « vrai », fournir des repères dans des systèmes qui en ont de moins en moins. Cet apport ouvre aussi des perspectives nouvelles dans la mesure où il reste aujourd'hui encore souvent envisagé de manière superficielle, comme un investissement de « luxe ». Ce n'est que pleinement intégré de la conception à la distribution d'un produit, qu'il prend toute sa dimension et sa vraie valeur ajoutée.

Le meilleur reste sans doute à venir dans ce domaine.

Il est en tout cas permis de l'espérer.

« Les contraintes sont les meilleures amies des designers »

Entretien avec Patrick Le Quément

Directeur du Design Industriel, Renault

Du Style au Design industriel, vous avez été l'artisan d'une véritable révolution managériale au sein du département Design chez Renault, depuis votre arrivée en 1987. Comment êtes-vous parvenu à imposer ces réformes nécessaires ?

Mon arrivée a coïncidé avec un moment critique pour l'entreprise et une vraie motivation personnelle à entrer dans l'entreprise, après une longue expérience dans l'industrie automobile, acquise en particulier chez Ford. Mais j'ai posé une condition à mon entrée chez

© Dunod. La photocopie non autorisée est un délit

Renault : avoir carte blanche pour réorganiser l'activité Design et la rattacher directement à la DG, à l'époque Raymond Lévy, pour en faire un véritable levier stratégique. Après une première phase où il s'est encore agi « d'habiller le bossu » si je puis dire, j'ai présenté à Aymé Jardon une réflexion sur la notion de projet métier. À l'époque commençait à s'imposer l'idée que le design faisait partie intégrante de l'identification d'une marque. Pour lui donner tout le poids nécessaire, j'ai introduit une organisation matricielle, inspirée des expériences de Ford puis Volkswagen. L'idée de fond était d'éviter la pratique du copier-coller de valeurs hétérogènes, en faisant appel à des créatifs extérieurs, mais plutôt de recruter des gens de qualité qui s'approprient pleinement la culture Renault, pour une meilleure cohérence globale.

Concrètement, qui sont les acteurs du Design Industriel Renault et en quoi consiste cette organisation « matricielle » ?

De 126 employés, nous sommes passés à 380 personnes aujourd'hui, dont 110 designers. Sur le plan hiérarchique, il n'y a que trois niveaux entre les designers et le Président. C'est vous dire la valorisation stratégique du design chez Renault ! Parmi ces designers, l'ouverture est de mise : pas moins de 23 nationalités représentées, tous bilingues français et anglais et 45 % d'origine non française. J'emprunterais à Charles Eames cette règle de management : « Les contraintes sont les meilleures amies des designers. » L'organisation matricielle ou le management par projet consiste à réunir une équipe pluridisciplinaire autour d'un projet donné. Nous privilégions donc le projet, sa réalisation, par rapport à la hiérarchie des fonctions. Cela chamboule la conception traditionnelle du management. L'intérêt majeur est de fédérer les équipes autour d'un projet commun, avec une complémentarité des compétences et un minimum de pesanteur hiérarchique, donc un maximum de liberté créative.

Outre les réformes managériales que vous avez introduites, vous avez aussi développé l'intervention du design à toutes les étapes d'élaboration d'une voiture, dès sa conception. Pouvez-vous nous en rappeler les principes ?

Tout commence par la prospective, avant même tout projet. En effet, il ne s'agit pas de plaire à nos clients, cela ne suffit plus, il faut être *préféré* à nos concurrents. Dans ce contexte, la prospective occupe une grande place. Nous développons un réseau de centres design internationaux, Guyancourt dans notre technocentre à Paris, à Barcelone et à Séoul, tout simplement parce qu'il ne suffit pas de faire une enquête ponctuelle pour s'imprégner des attentes implicites de nouveaux marchés, pour percevoir des sensibilités non familières, pour élaborer des propositions performantes. Nous proposons par ailleurs à nos équipes des « missions tendance » : environ quatre voyages annuels (rencontres avec des designers étrangers, visites de salons de design mobilier, conventions de designers…) mais aussi des journées à Paris vouées à sortir les designers automobile de leur univers créatif propre (rencontres avec un designer culinaire, un parfumeur, un directeur artistique mode…). Au moment du lancement d'un nouveau projet, nous lançons un appel à candidatures et un concours sélectionne la meilleure proposition. Le Président et toutes les directions (commerciale, technique, produit, plan, projet, design) participent au choix. Ensuite commence le travail d'étude de faisabilité et de réalisation des dessins et maquettes, étape dans laquelle l'outil numérique a pris une grande place car il permet de réduire le cycle de production : la visualisation est immédiate, sur grand écran, et beaucoup plus complète par rapport aux traditionnelles maquettes en clay. Dans la phase de production, le design intervient sur tous les plans : aménagement intérieur, extérieur, aspects visuels, tactile, sonore…

« Vision, intelligence, charme, sensualité », tels sont les quatre mots clefs du Design Renault aujourd'hui. Comment se sont-ils imposés ?

Dans notre esprit, ces valeurs constituent un référentiel, une sorte de boussole. La vision détermine une ambition, une amplitude dans laquelle s'inscrit chaque projet et chaque protagoniste de ce projet. L'intelligence, plutôt que la puissance, c'est la simplicité de se faire oublier tellement on s'impose dans le quotidien comme la Twingo l'a si bien fait. Le charme, au-delà de la beauté, « n'est rien mais il fait » comme l'écrit Vladimir Jankélévitch. Enfin, la sensualité, c'est la relation vivante au toucher, et donc la compréhension de cette relation des gens à l'objet. À vrai dire, ce nouveau référentiel correspond pleinement à la culture de Renault : des valeurs historiques rattachant le Design Renault à la tradition des années 1950, « Vision », « Intelligence » ; et des valeurs d'adaptation à une évolution plus récente, « Charme », « Sensualité », pour permettre à Renault de convaincre plus vite plus de gens de devenir ses clients en leur offrant des produits plus identifiables et séduisants du point de vue esthétique. Mais ce référentiel n'aurait aucun sens sans cette évidente règle d'or : chaque valeur fait corps avec les autres, c'est essentiel.

Pour illustrer ce référentiel du Design Renault, vous n'avez pas hésité à vous référer à l'art. Pourquoi ?

Les nombreux échanges qui ont lieu entre les managers et les designers devant les projets, dessins et maquettes physiques ou virtuelles se font effectivement aussi devant des œuvres d'art jugées particulièrement intéressantes pour leur sensibilité harmonique comme par exemple la *Petite Danseuse* de Degas. Cette œuvre, a contrario de la

© Dunod. La photocopie non autorisée est un délit

Vénus de Milo, beauté idéale et absolue, symbolise parfaitement à la fois le charme, la passion pour l'intelligence du geste professionnel, l'harmonie secrète d'une pose à laquelle elle est accoutumée. Nous avons aussi associé la Vision avec la *Pyramide* du Grand Louvre, comme illustration d'une technologie mise au service d'un projet public, d'un grand musée, d'un art architectural, et non au service de la technique pour elle-même. Le modèle artistique est en l'occurrence une métaphore de nos ambitions (voir cahier couleur p. vi).

Quelle plus grande fierté tirez-vous de votre expérience ?

« Ce que je trouve m'indique ce que je cherche ». Je crois que c'est une bonne réponse même si elle n'est pas de moi mais du peintre Pierre Soulages ! Je veille aussi à rester le plus possible à l'écoute de mon instinct...

Chapitre 7

L'ART, RÉVÉLATEUR DES SAVOIR-FAIRE DE L'ENTREPRISE

« Mon opinion est que de nouveaux besoins appellent de nouvelles techniques. Et les artistes modernes ont trouvé de nouvelles façons et de nouveaux moyens d'affirmer leur pratique (*making their statement*). Il me semble que le peintre moderne ne peut pas exprimer notre époque, la bombe atomique, la radio, dans les formes de la Renaissance ou de quelque autre culture passée. Chaque époque trouve sa propre technique. »

Jackson Pollock (interview enregistrée par William Wright en 1951 pour la radio *Sag Harbor*), Catalogue Jackson Pollock, Francis V. Connor, Museum of Modern Art, New York, 1967.

Faire connaître leur savoir-faire, faire valoir leur valeur ajoutée est un défi incontournable et bien moins simple qu'il n'y paraît pour les entreprises, surtout pour celles du secteur des services. L'expression des compétences et leur « objectivation » doivent en effet contourner quantité de poncifs et de lieux communs.

Qui plus est, dans le secteur du service, il s'agit d'être précis et concret dans un domaine d'activité ouvert et déclinable par définition. Quel rapport avec la création artistique ? Le chef-d'œuvre, ou encore l'artiste star, n'ayant plus à faire la preuve d'un évident savoir-faire, d'une valeur ajoutée acquise d'emblée, ils peuvent devenir un outil précieux pour l'entreprise de services mais aussi plus largement pour l'expression et la mise en valeur de ses compétences et de sa capacité à satisfaire le client.

Au-delà de la notion de chef-d'œuvre incontesté, l'œuvre d'art peut aussi entrer en scène comme incarnation concrète de notions intellectuelles ou virtuelles. Mais comment et sous quelles formes ? Car il s'agit, en l'espèce, de créer une résonance signifiante et compréhensible entre les savoir-faire de l'entreprise et le monde de l'art, au sens le plus large du terme.

L'innovation, valeur incontournable de l'entreprise

Innovation et art contemporain

La première des compétences requises pour l'entreprise dans tout marché compétitif : l'innovation. Premier argument invoqué par les entreprises mécènes dans l'art contemporain : le prolongement de leur capacité à innover.

L'innovation est-elle pour autant une valeur galvaudée ? Un bref tour d'horizon sur le mécénat privé dans la création contemporaine suffit à montrer le contraire. La marque Ricard impliquée dans l'Espace Paul Ricard expose de jeunes artistes encore non reconnus. La Fondation Cartier organise des rencontres pluridisciplinaires et des expositions thématiques originales. La Société Générale expose dans ses propres locaux les œuvres de très grands artistes, dont la carrière est d'ores et déjà engagée. Lexmark Europe a lancé il y a deux ans un prix de création picturale européen ouvert aux jeunes de tous horizons. Hewlett Packard récompense chaque année de jeunes plasticiens utilisateurs des technologies numériques (voir cahier central, p. xiv). Alors oui, chacune de ces sociétés revendique un rôle de « tête chercheuse », d'initiateur de projets, d'acteur créatif de son époque. Mais chacune a trouvé un vecteur spécifique, correspondant à son identité et sa culture. C'est bien l'intelligence de chacun de ces positionnements qui fait la différence et l'intérêt de leur engagement respectif.

Le mécénat d'initiatives

Nul n'échappe à l'innovation, quel que soit le secteur d'activité, de la banque à l'industrie en passant, bien sûr, par les secteurs de la haute technologie, de la mode ou encore du luxe.

C'est qu'il ne s'agit pas seulement d'innovation technique ou technologique mais tout simplement de ce que l'entreprise en soi est un pôle d'initiatives et de créativité. Aller de l'avant, faire confiance en l'avenir, initier de nouvelles voies, prendre des risques sont autant de valeurs d'innovation qui font partie de son quotidien. La création artistique en général et l'art contemporain en particulier en sont des prolongements et des métaphores évidents. Certaines entreprises vont même plus loin et utilisent astucieusement leur engagement de mécènes pour tester des solutions avant de les commercialiser. Outils ou méthodologies sont ainsi mises à profit dans une démarche innovante à double sens. Axa Art, spécialiste de l'assurance des œuvres d'art, offre un exemple accompli du mécénat d'initiatives, une tendance croissante et très prometteuse : le Conservation Project consiste à mettre en relation les meilleurs spécialistes et restaurateurs sur un type spécifique de matériau (par exemple les plastiques synthétiques) ou de technique pour initier des projets de recherche en restauration. L'intérêt est double : participer à la recherche en restauration internationale dans l'intérêt général et proposer à terme des solutions concrètes à des clients dont les œuvres ont été endommagées. Pour Bénédicte Wiart, responsable du développement, du marketing et de la communication d'Axa Art, il ne s'agit pas tant de trouver les solutions que de « jouer un rôle de catalyseur de rencontres entre des compétences éparses pour lancer des études innovantes » (voir entretien, p. 100).

Par ailleurs, le mécénat d'initiatives prend une place de plus en plus grande. Il s'agit d'interventions où l'initiative des entreprises et de leurs personnels rencontre celle des institutions culturelles. Là encore, le dialogue n'est ni courant, ni évident. Il nécessite une ouverture d'esprit et une curiosité réciproques pour générer des projets d'un type nouveau. L'entreprise ne vient plus relayer un projet en mal de financement, elle le construit de bout en bout avec un partenaire, artiste ou institution culturelle. Ce type de démarche résulte de rencontres, de hasards mais s'intègre aussi plus largement dans une culture d'entreprise surtout lorsqu'elle est menée à bien, en cohérence avec la stratégie managériale et la gestion interne. L'intérêt du mécénat d'initiatives est l'instauration nouvelle d'un rapport de réciprocité entre l'entreprise et l'univers artistique, un mode de relation dans lequel chaque partenaire trouve un enrichissement

© Dunod. La photocopie non autorisée est un délit

propice à un véritable échange. Au-delà du mécénat de contribution, il s'agit d'une démarche qui transforme complètement le rapport entre contributeur financier et créateur artistique. Le respect des compétences propres à chacun y est une condition essentielle, et à vrai dire, attendue.

Le vecteur artistique s'avère très opérant pour véhiculer la fonction innovante de l'entreprise, que ce soit sous la forme de l'art contemporain ou non.

Le mécénat des compétences

Depuis une dizaine d'années, le mécénat dit de compétences s'est imposé comme une nouvelle forme de contribution très concrète des entreprises à des actions d'intérêt général, en particulier dans le domaine de la culture et de l'art. De quoi s'agit-il ? D'une participation non plus seulement financière mais technique, logistique, humaine, bref multiformes. Issue des années de crise et de restriction budgétaire, cette tendance a mis en place une relation tout à fait nouvelle et constructive de réciprocité entre les institutions « receveuses » et les entreprises « donneuses ».

Dans le cadre d'un mécénat dit de compétences, l'entreprise offre ses savoir-faire propres à un projet de nature culturelle ou artistique : sa technicité, son professionnalisme, ses personnels spécialisés. Là est la spécificité. Concrètement, l'entreprise peut mettre à disposition des matériels, des locaux mais aussi des personnels volontaires, que ce soit dans le cadre de leurs horaires de travail ou sur leur temps libre.

L'action menée dans ce contexte apporte un double bénéfice. Pour l'entreprise, elle met évidemment en valeur d'une manière inédite sa valeur ajoutée et éclaire son activité sur un terrain inhabituel. En même temps, la complémentarité des métiers de chacun est parfaitement respectée dans le partage des tâches et des responsabilités de sorte que les institutions ou les artistes sont eux aussi motivés à s'impliquer dans une relation bilatérale, un enrichissement mutuel. Le mécénat de compétences consiste en un échange de savoir-faire qui nécessite une véritable synergie des efforts fournis de part et d'autre, contrairement au strict mécénat de contribution qui fonctionne en deux temps distincts : don financier de l'un, réalisation de projet par l'autre. C'est ainsi que non seulement l'entreprise valorise ses compétences, mais que la réalisation commune du projet amène, de son côté, une fierté partagée.

Les technologies mises en jeu dans la restauration d'œuvres d'art, les artisanats engagés dans l'entretien et la mise en valeur de bâtiments historiques, les techniciens de toutes disciplines impliqués dans les installations des artistes contemporains, les transporteurs responsabilisés dans toute assurance d'œuvres d'art, les éclairagistes et manutentionnaires intervenant dans les expositions sont autant de professionnels en lien direct avec l'art. Mais toute activité de service, qu'il s'agisse de conseil, finance ou formation, cherche des métaphores de son professionnalisme et peut mettre ses compétences au service de l'art. L'intérêt du mécénat de compétences réside aussi dans la part de créativité et d'imagination qu'il exige de chacun des partenaires en présence. Institutions muséales, artistes et entreprises font la preuve aujourd'hui qu'il est possible d'inventer de nouveaux modes de coopération et de travailler ensemble.

Le mécénat de compétences n'est cependant que le prolongement assez naturel du mécénat plus traditionnel d'apport financier. Bien rares sont en effet ceux qui se sont jamais contentés de signer ou de recevoir un chèque dans le cadre d'une opération de mécénat. Mais la relation de confiance et la passion authentique qui ont toujours été à l'origine des projets ambitieux se sont nettement professionnalisées et les échanges qui ont eu lieu ont sans doute aussi permis de prendre davantage conscience, de part et d'autre, de la pertinence d'un partage plus concret de compétences professionnelles.

L'art au service des entreprises de service

Nombreuses sont aujourd'hui les activités des entreprises dont la compréhension n'est pas simple non seulement auprès du grand public mais surtout chez leurs clients potentiels. Dans le secteur des services, le recours à la métaphore artistique n'est pas chose rare pour mieux communiquer quelle que soit la cible visée, partenaires business ou clientèle grand public.

© Dunod. La photocopie non autorisée est un délit

Un premier exemple : la banque et les services financiers. Dans le cas de la Caixa, on a affaire à une casse d'épargne populaire, très largement implantée en Espagne, plus challenger en France. Il n'empêche que l'association de la Caixa France avec l'exposition du musée de Cluny sur la sculpture catalane cet automne 2004 présentait une continuité transparente, pour le public, avec les racines et l'identité de l'entreprise. Cette opération ponctuelle de mécénat cultivait parfaitement la spécificité de la Caixa au cœur d'une actualité culturelle parisienne pourtant pléthorique ! La banque de Neuflize, ex NSMD, est à l'inverse une banque privée et de gestion de fortune. Son orientation de mécénat s'est portée sur la photographie, un art bien contemporain dont Jean-Louis Milin, responsable de ce secteur, défend avec ardeur la valeur créative, avec un axe précis : la figure humaine. Ces deux caractéristiques positionnent une certaine image de l'entreprise : une relation humaine mise au premier plan, celle du banquier avec son client, et un dynamisme innovant dans l'offre de services, un regard confiant tourné vers l'avenir. Pour la holding financière Fimalac, la restauration de chefs d'œuvre antiques du Louvre a été une voie d'expression de l'engagement de l'entreprise dans la protection du patrimoine. Du Gladiateur Borghese jusqu'à la Salle du Manège ce sont quelques-unes de plus célèbres antiquités du grand musée qui ont ainsi bénéficié de ce type de mécénat.

Dans le secteur informatique, la technologie est paradoxale : de plus en plus complexe, elle est aussi de plus en plus communément utilisée.

L'émerveillement devant la complexité technologique ne doit pas pour autant effrayer l'utilisateur. Faire valoir de nouvelles compétences doit donc aller de pair avec la mise en valeur d'une simplification des pratiques. Deux acteurs jouent du vecteur artistique distinctement pour mettre en lumière les hautes technologies mises en œuvre par leurs produits et les démystifier en même temps. D'un côté, IBM, qui a par ailleurs été un grand acteur du mécénat artistique, a lancé à l'automne 2004 un spot télévisé (*on demand business*) très significatif : deux hommes s'interrogent sur une toile cubiste, l'un montrant à l'autre que tout fonctionne ensemble parfaitement en dépit de la complexité. La lisibilité de l'œuvre d'art est mise en parallèle avec celle d'un système informatique performant, complexe mais efficace ! D'un autre côté, Hewlett Packard a eu une démarche originale avec le Palais de Tokyo cet automne 2004, la « Hype Gallery » : une exposition d'un type inédit puisque les œuvres présentées étaient renouvelées constamment, envoyées par des artistes spontanés, sans sélection. Deux contraintes imposées tout de même : l'utilisation du support numérique de haute définition et l'emploi des lettres h et p dans le titre de l'œuvre, et dans l'ordre ! Les envois des artistes étaient tirés sur imprimantes HP sur place et affichés au fur et à mesure. Vidéos et tirages photos offraient un paysage tout à fait étonnant de chantier créatif vivant. Un exemple de mécénat de compétences en somme, qui valorise une utilisation de technologie devenue presque commune (le numérique), mais ici présenté avec une haute qualité de définition d'impression, et au service de l'art. Deux manières très différentes d'utiliser l'œuvre d'art pour parler de son savoir-faire et le rendre plus accessible, tout en mettant en valeur son haut niveau de technicité et de complexité, bref sa valeur ajoutée.

Nous évoquons plus loin, plus en détails, l'exemple d'Accenture et de son mécénat de compétences auprès du musée du Louvre, aux côtés du Crédit Lyonnais et de Blue Martini Software. Expérience qui montre une fois de plus la pertinence du vecteur artistique dans la mise en valeur des services et savoir-faire de l'entreprise. Dans ce cas exemplaire, le cabinet de conseil a mis à la disposition du musée du Louvre une équipe de soixante personnes, pour en développer le site internet. Ce dernier est aujourd'hui dirigé au sein du musée par une ancienne consultante d'Accenture.

L'art au secours des activités contestées

© Dunod. La photocopie non autorisée est un délit

Certains secteurs d'activité sont moins valorisés que d'autres, ou plus contestés car ne faisant pas l'objet d'un large consensus social : il en va ainsi des industries polluantes, mais aussi du bâtiment et des travaux publics, sans oublier la grande distribution. D'autres s'attirent carrément l'opprobre générale, souvent, d'ailleurs, au nom du « politiquement correct » : boissons alcoolisées, tabac, armement, par exemple, n'ont pas vraiment bonne presse… À cet égard, le temps est bien révolu où les liqueurs, vins et champagnes pouvaient glorifier leurs vertus, grâce au pinceau des artistes les plus illustres, Toulouse-Lautrec, Mucha, Bonnard en tête. Pour autant, la marque

Ricard a aujourd'hui trouvé une place inattendue dans les milieux culturels branchés grâce aux expositions d'art contemporain de l'Espace Paul Ricard. Un objectif implicite à cet engagement de mécène de jeunes artistes d'avant-garde était bien à l'origine un repositionnement marketing de la marque : un apéritif centenaire dont il fallait rajeunir les consommateurs ! Cette mission, aujourd'hui accomplie, n'enlève rien à l'authenticité de la démarche d'un homme, Paul Ricard, passionné d'art ni au professionnalisme et à la ténacité de l'équipe de l'Espace Paul Ricard dans ses choix depuis une quinzaine d'années. Quant à Altadis, grand groupe de l'industrie du tabac, il mène une politique très active de mécénat artistique héritée d'ailleurs de la culture duelle des entreprises dont il est issu (Seita et Tabacalera). Le prix Altadis récompense par exemple depuis l'an 2000 des artistes français et espagnols sur proposition de conseillers professionnels du monde de l'art, renouvelé en partie chaque année (voir entretien, p. 121). Une exposition au Palais de Tokyo a accueilli les lauréats 2004.

Dans le registre des industries pétrolières, Total a donné à son mécénat deux axes culturels forts, l'un tourné vers la recherche archéologique, l'autre vers le patrimoine artistique. À ce titre, la restauration de la Galerie d'Apollon au musée du Louvre aura été une opération aux retombées importantes pour la période 2003-2004. Cet automne 2004, le partenariat exclusif avec l'Institut du monde arabe à l'occasion de l'exposition « Pharaon » est une action qui réunit en quelque sorte l'investissement de l'entreprise dans les deux domaines archéologique et artistique : expression de son engagement dans la valorisation et la protection du patrimoine à une échelle mondiale, c'est-à-dire en écho à ses interventions et implantations géographiques. À défaut d'une linéarité continue entre les manifestations soutenues, l'entreprise semble privilégier une garantie de médiatisation qui répond bien à une forte valorisation et à un positionnement institutionnel de référence dans son domaine d'intervention.

De son côté, une entreprise comme EDF, dont l'image est excellente auprès des Français, s'est dotée d'une Fondation active sur de multiples secteurs et qui privilégie un dialogue entre ses compétences propres et les artistes. En témoignent les opérations de mise en lumière de grands monuments mais aussi les expositions thématiques de l'Espace Electra à Paris.

Eiffel, Baltard, Perret, Le Corbusier ont signé les grandes pages non seulement de l'architecture mais aussi de l'industrie du bâtiment et de l'urbanisme. Aujourd'hui, cette union glorieuse n'a plus vraiment cours. La contradiction entre construction galopante et mouvement écologiste nuit à une véritable valorisation du secteur industriel. Pourtant, certains ont su tirer fort habilement leur épingle du jeu grâce à des opérations de communication et de mécénat, appuyées par l'art. C'est ainsi que la société des Autoroutes Paris-Rhin-Rhône a fait appel à des sculpteurs contemporains pour jalonner et sublimer les axes autoroutiers tandis que le Groupe Colas constitue depuis le début des années 1990 une collection d'art contemporain dont l'axe est explicite : le thème de la route. Les œuvres – uniquement des peintures – sont exposées dans les locaux de l'entreprise et la sélection annuelle, établie par un jury de salariés de l'entreprise et de personnes du monde de l'art, fait l'objet d'une exposition particulière. Pour Vinci, champion de l'industrie du bâtiment, conquérir le titre de « grand mécène du ministère de la Culture » au nom du chantier de restauration de la Galerie des Glaces du Château de Versailles est une occasion rêvée de sublimer ses propres métiers, tant en terme d'image interne qu'externe d'ailleurs. Pas moins de 17 de ses filiales sont impliquées directement dans la réalisation des travaux. Les compétences du groupe sont ainsi valorisées par leur mise en œuvre sur un domaine d'excellence absolue (voir entretien, p. 104).

***

L'art est d'abord et avant tout un savoir-faire et une compétence, dont le niveau de perfection fait le modèle absolu pour tout métier, quel qu'il soit. C'est pourquoi, le vecteur artistique est un outil précieux pour mettre en valeur des compétences, des services, des activités professionnelles tout simplement. Non seulement, il peut agir comme métaphore plus explicite des métiers de l'entreprise, mais il peut transférer des savoir-faire sur des terrains d'intervention qui les sublime. Enfin, c'est un vecteur différenciateur par excellence de communication. Les solutions de mécénat explorées jusqu'ici sont en train d'évoluer comme le montrent les démarches de mécénat d'initiatives et de compétences, de plus en plus nombreuses. Les exemples cités laissent surtout imaginer la diversité de ce qui reste à faire !

© Dunod. La photocopie non autorisée est un délit

« Financer des projets de restauration, c'est dans notre intérêt même d'assureur d'œuvres d'art ! »

Entretien avec Bénédicte Wiart

Directrice marketing, développement et communication, Axa Art
et **Stanislas Conseiller**, Responsable mécénat, Axa

AXA Art est la filiale du groupe AXA, exclusivement consacrée à l'assurance des œuvres d'art. À ce titre, vous avez initié une forme de mécénat inédite : le « AXA Art Conservation Project ». Pouvez-vous nous parler de la naissance de ce projet ?

À l'origine de ce projet ambitieux, nos collègues américains d'AXA Art US ont été confrontés à une œuvre d'Ad Reinhardt, dramatiquement endommagée. Dans ces cas-là, l'œuvre nous est restituée dans la mesure où aucune intervention n'est plus possible. Il a alors été décidé en 2001 de la confier aux équipes de conservateurs et restaurateurs du MOMA et de la Guggenheim Foundation à New York et de financer un programme de recherches pour trouver des solutions de restauration. Pour la première fois, la technique du laser a été utilisée, alors que la déontologie traditionnelle s'oppose formellement à toute technique destructrice de matière et privilégie toujours une intervention réversible. Le succès de l'expérience a déclenché un débat inattendu puisque d'autres œuvres du même artiste ont été par la suite apportées par leurs détenteurs au laboratoire afin de servir l'étude. Le déclic s'est imposé pour AXA Art d'engager une démarche plus ambitieuse et pérenne.

De quoi s'agit-il précisément ?

Le « Conservation Project » consiste à initier des projets de recherches et à les prendre en charge financièrement. Un partenariat avec le Vitra Design Museum en Allemagne, nous a permis de mettre en place un laboratoire d'études spécialisé sur les matières plastiques. Compte tenu du facteur temps qui est très lent dans ce domaine, nous devons à présent faire le choix d'accompagner les projets jusqu'aux solutions concrètes de restauration ou de jouer un rôle de catalyseur de rencontres entre des compétences éparses pour lancer des études innovantes. L'art contemporain en particulier pose un grand nombre de questions de conservation, pour nos clients : comment conserver des œuvres faites de matériaux périssables ou de synthèse dont on ne connaît pas l'évolution sur le long terme ? Un exemple simple mais méconnu : le polyuréthane se dégrade plus rapidement lorsqu'il est exposé en pleine lumière. Or ce matériau synthétique entre dans la composition de nombreux meubles conçus dans les années 1950-1970 ! Nous menons donc parallèlement des opérations de sensibilisation aux problèmes pouvant survenir à l'occasion de grands événements internationaux comme des salons professionnels de restaurateurs en Italie ou en Belgique, à la FIAC à Paris, lors de rencontres internationales de conservateurs de musées. Depuis 2003, nous développons les échanges entre professionnels à raison d'au moins deux manifestations annuelles, pour faire avancer les choses. Cette implication nous permet d'intervenir comme initiateur et facilitateur de nouveaux projets dans des domaines de compétences qui prolongent les nôtres et sont en lien direct avec notre métier d'assureur d'œuvres d'art.

Cette forme de mécénat est donc un élément stratégique de l'entreprise ?

Il était très logique de poursuivre un mécénat orienté sur la restauration des œuvres d'art. Lorsqu'un de nos clients nous confie l'assurance de ses œuvres, nous devons pouvoir lui proposer des solutions de restaurations pertinentes en cas de dommage. Ce mécénat prolonge donc naturellement notre métier. Aider à une meilleure restauration des œuvres d'art, c'est aussi participer à la protection du patrimoine, un enjeu d'envergure plus large, patrimonial et culturel. Dans le rapport annuel du groupe, le mécénat d'AXA Art est intégré dans les actions pour le développement durable.

Outre ce « Conservation Project », vous menez des actions plus ponctuelles auprès des institutions culturelles. Hier le musée Jacquemart-André, aujourd'hui une exposition à Chambord, bientôt la TEFAF à Maastricht : quel est le sens de ces opérations ? Correspondent-elles à un mécénat d'image et de communication, plus traditionnel ?

Ce sont d'abord des coups de cœur, ils sont donc effectivement plus événementiels. Mais l'aventure avec le musée Jacquemart-André nous a permis de tisser des liens privilégiés avec l'équipe de conservation du musée. Pour la TEFAF, il s'agit de *la* plus grande manifestation d'antiquaires au monde, c'est un partenariat majeur d'AXA Art en tant que structure internationale. Ces types d'événements, comme aussi la Biennale des Antiquaires à Paris, sont des occasions privilégiées et prestigieuses pour recevoir nos clients, rencontrer les marchands, maintenir un contact étroit avec les musées, en somme tous nos partenaires professionnels de haut niveau, et sensibiliser les collectionneurs privés à la nécessité de l'assurance. En ce qui concerne l'exposition, *L'Italie à la Cour de France*, qui a eu lieu à Chambord à l'automne 2004, AXA a offert l'assurance des œuvres en partenariat avec AXA Art.

Justement, Stanislas Conseiller, vous êtes responsable du mécénat du groupe AXA, où en est le mécénat du groupe par rapport à ces initiatives de votre filiale AXA Art que nous avons évoquées ? On a beaucoup parlé de l'acquisition d'un dessin de Rosso Fiorentino par le

© Dunod. La photocopie non autorisée est un délit

Louvre, grâce au mécénat d'AXA, en 2003. Une statuette africaine entrerait prochainement au musée du Quai Branly. Cette politique d'acquisition ouvre-t-elle une nouvelle voie d'implication de l'entreprise auprès des musées ?

Stanislas Conseiller :

Les deux axes principaux du mécénat du groupe AXA sont le bénévolat social et le mécénat sociétal, comme métaphores et prolongements du métier de protection des personnes. Ainsi l'association AXA Atout Cœur fonde son action auprès des personnes démunies sur le bénévolat des salariés du Groupe, des programmes d'éducation et de prévention ont été mis en place dans différents pays... Mais le troisième axe d'implication du mécénat AXA relève de la conservation et de la transmission du patrimoine. C'est donc principalement à travers ses actions de mécénat culturel et patrimonial qu'AXA concrétise son implication qui prolonge naturellement le métier de la protection financière. Certaines entités du Groupe, autres qu'AXA Art, ont ainsi développé des partenariats avec des musées locaux. C'est le cas en Espagne où il existe un partenariat avec le Guggenheim, aux États-Unis où la AXA Gallery à New York organise depuis de nombreuses années des expositions en partenariat avec des musées tels que le MOMA.

Dans ce contexte AXA s'est déjà engagé en France en faveur de l'art et des musées nationaux. Ainsi, à la demande de la Direction des Musées de France, AXA s'est porté acquéreur en 1990 du portrait d'Alfonso d'Avalos peint par le Titien. Dans le cadre du dispositif prévu, le tableau a été exposé au musée du Louvre pendant douze ans et à l'issue de cette période l'État n'a pas souhaité acquérir l'œuvre. AXA, qui n'avait pas vocation à conserver dans ses actifs une œuvre de cette importance, a été autorisé à céder le tableau sur le marché international. Dans le cadre de la loi du 4 janvier 2002 (relative aux musées de France) et de celle du 1er août 2003 (relative au mécénat), AXA a offert deux dessins de Rosso Fiorentino au Louvre en octobre 2003 et en 2004 une statue d'art africain au musée du Quai Branly qui ouvrira ses portes en 2006.

Cette politique d'acquisition est donc en droite ligne avec l'implication d'AXA dans des actions de mécénat culturel et patrimonial.

« Un artiste n'a pas besoin de galerie mais des entreprises »

Entretien avec Jean-Philippe Serrano, artiste-peintre
et Catherine Eckert, Directrice des relations publiques, DDB

Jean-Philippe Serrano, votre dernière exposition dans les locaux du siège de DDB à Paris vous a fait remarquer cet automne comme un trublion dans l'univers de l'art contemporain. Votre caractéristique : peintre, vous n'avez pas de galerie et vous réclamez d'une autopromotion. Un artiste peut-il donc aujourd'hui se passer de cet intermédiaire pour exposer et vendre ses œuvres ?

J'en suis la preuve ! Mais je ne suis pas sûr de rentrer dans le format très classique de l'artiste ! Cet univers des galeries ne me correspond pas. J'ai trouvé ou inventé le mien, en exposant dans des entreprises et je m'y trouve parfaitement bien. C'est beaucoup plus amusant, il n'y a pas cette ghettoïsation qui coupe toute rencontre. Je suis un incorrigible curieux, j'aime rencontrer des univers, « faire l'éponge », enregistrer l'expérience incroyable des autres. Alors, effectivement, non seulement je n'ai pas de galerie, mais je n'en recherche surtout pas ! Qui plus est, je n'impose pas à mes acheteurs une commission de 40 à 50 % ! Vous savez, la peinture est arrivée par accident dans ma vie, comme beaucoup de choses d'ailleurs. Cela ne fait que quatre ans que je me suis vraiment lancé même si, comme me le rappellent mes proches, je dessine depuis toujours. J'ai d'ailleurs toujours du mal à le reconnaître mais si c'est vrai !

Alors vivez-vous vraiment de votre peinture aujourd'hui ?

Je continue à travailler à mi-temps dans une société de post-production pour la télévision, et je peins le reste du temps. Cet équilibre entre mes deux activités me convient assez bien pour l'instant, c'est même assez idéal. Je suis très content des ventes que j'ai faites jusqu'ici, de savoir par exemple où mes œuvres s'en vont. Et puis après les expositions chez DDB et au restaurant Ka, à Boulogne, je prépare pour fin novembre une exposition aux Hospices de Beaune, dans le cadre d'une manifestation privée organisée par la Fondation de la Maison de la Chasse et de la Nature. D'autres projets très excitants sont encore en suspens, toujours avec des entreprises.

Un artiste qui fait sa propre communication et qui sait s'adresser aux entreprises, c'est un cas d'exception. Votre passé professionnel dans la radio, la télévision, la publicité n'y est certainement pas étranger. Comment s'est fait le déclic ?

Je connaissais depuis longtemps Catherine Eckert, Directrice des relations publiques de DDB. Elle m'a lancé un défi en remarquant une série de toiles qui décoraient ma salle à manger : « Tu as quatre mois

© Dunod. La photocopie non autorisée est un délit

pour me fournir de quoi tenir une exposition ! » Vous connaissez la suite ! Mon réseau de relations me permet aujourd'hui d'apporter aux entreprises qui souhaitent m'exposer une exposition clé en main, sponsors compris !

Alors, Catherine Eckert, vous exposez depuis deux ans des artistes contemporains dans les locaux de DDB pour animer des opérations de RP. Comment est née l'idée originale de ces manifestations ?

La direction de DDB était soucieuse de « réveiller » l'accueil de notre siège, certes prestigieux mais qui manquait peut-être de chaleur, d'âme. Or l'art contemporain est quand même un prolongement évident de notre métier de publicitaire, créatif par définition. L'idée d'associer des expositions à notre communication d'entreprise était enfin assez nettement différenciatrice par rapport à l'image des publicitaires toujours un peu centrés sur leur propre créativité, elle était en tout cas originale par rapport à la communication de nos concurrents. C'est ainsi que j'ai commencé à organiser ces expositions, au rythme d'une tous les deux mois. À l'occasion du vernissage, nous recevons nos clients en leur faisant découvrir une démarche artistique novatrice, qui est valorisante pour notre image et qui bénéficie bien sûr aussi à l'artiste en question. Ce qui a été le cas, entre autres, pour Jean-Philippe puisque nous avons reçu la visite de France 3 à l'occasion de la FIAC 2004 !

« Vinci et la Galerie des Glaces : un mécénat pionnier »

Entretien avec Pierre Coppey

Directeur de la Communication, des Ressources Humaines et des Synergies, Vinci

La restauration de la Galerie des Glaces du château de Versailles vient de commencer après une phase préliminaire d'étude (janvier à août 2003) : un chantier de 3 ans qui devrait donc s'achever en 2007, une opération de mécénat entièrement financée par Vinci pour un montant total de 12 millions d'euros. Quel est l'enjeu de ce projet exceptionnel pour Vinci ?

Cette opération de mécénat est pionnière à plus d'un titre et dépasse un enjeu de contribution financière d'un montant inédit à ce jour dans le domaine culturel. En effet, notre apport financier est indissociable d'une mise à disposition de compétences professionnelles spécifiques à notre groupe. Près de 40 % des entreprises intervenant sur le chantier sont des filiales de Vinci, 14 de nos filiales sont qualifiées Monuments Historiques. Cette dimension de mécénat de compétences est un enjeu majeur pour Vinci. Notre expertise diversifiée dans les métiers du bâtiment est mise en lumière d'une manière exceptionnelle. Nous ne nous contentons pas d'un apport financier, nous participons pleinement au chantier, à la mesure de nos compétences propres : pilotage et coordination du projet, restauration des marbres et des bronzes d'art, maçonnerie, réseau électrique, mise en lumière, échafaudages, installations de chantier, ventilation... C'est logique d'un point de vue industriel, mais aussi d'un strict point de vue de communication : imagine-t-on Renault finançant une écurie de Formule 1 qui ferait courir des Peugeot.

Grand Mécène du ministère de la Culture et de la Communication, vous avez obtenu une Autorisation d'Occupation Temporaire afin d'assurer la maîtrise d'ouvrage du projet, une responsabilité tout à fait inédite puisqu'elle était jusqu'ici confiée aux institutions publiques. Quels en sont les avantages et les difficultés ?

Unique en France (mais beaucoup plus naturelle en Italie ou dans les pays anglo-saxons), cette situation nous a conduits à construire une relation nouvelle avec nos interlocuteurs du château de Versailles. Nous avons en effet dû innover sur le plan juridique pour donner un cadre contractuel adapté à notre partenariat. L'objectif que nous poursuivions était à la fois de nous inscrire dans le cadre de la loi du 31 décembre 1913 sur les Monuments Historiques et de placer cette restauration sous l'autorité des instances administratives compétentes en matière de monuments historiques et d'avoir les avantages d'un cadre souple de pilotage de projet. Notre contrat original qui a d'ailleurs été validé par le Tribunal administratif de Versailles a le mérite de faire travailler ensemble la présidente de l'établissement public de Versailles, Christine Albanel et le maître d'œuvre, l'architecte en chef des Monuments Historiques, Frédéric Didier, mais aussi les conservateurs du Château de Versailles, avec nos entreprises, sous le contrôle d'un Comité de pilotage, d'un Comité de suivi et d'un Conseil scientifique international. Nous avons tous le même objectif : mener à bien ce projet au service d'un chef-d'œuvre du XVIIe siècle inscrit sur la liste du patrimoine mondial de l'Unesco.

L'intérêt de ce projet est également d'ouvrir la voie à un nouveau type de partenariat entre le privé et le public, dans le domaine culturel.

Pendant le chantier, la visite continue ! Comment êtes-vous parvenus à maintenir le parcours des visiteurs du château ?

Une scénographie a été mise en place par Vinci, qui dissocie totalement les visiteurs et les restaurateurs sur les plans sonores et visuels. Le respect du public était une de nos grandes préoccupations. Cette mise en scène répond à un souci pédagogique, avec une présentation de la restauration et des décors masqués pendant les travaux. Le travail

© Dunod. La photocopie non autorisée est un délit

fait par Guillaume Parent est si bien conçu qu'il offre un regard nouveau sur la Galerie des Glaces et réussit à la donner mieux à voir au public qu'en temps ordinaire. Le parcours à la fois ludique et informatif qui est ainsi proposé au visiteur réussit à faire complètement oublier les travaux et à mettre en valeur la Galerie des Glaces. La scénographie est également esthétique : dans le corridor, les lustres originaux ont été placés dans l'alignement de ceux de la galerie, des miroirs reflètent des reproductions de scènes de fêtes royales et une musique d'époque accompagne le parcours. Le chantier étant conçu en deux temps, la Galerie des Glaces n'est à aucun moment fermée au public et reste visible pour une moitié. Là encore, le souci du client qui est celui d'une entreprise privée a un peu renouvelé le style des scénographies habituelles des musées. C'est la richesse d'un partenariat privé-public.

L'unanimité autour de cette scénographie a marqué une étape importante dans l'ancrage de notre travail ici. Elle manifeste la cohérence et la cohésion du travail conjoint des équipes de Vinci et du château de Versailles.

Chapitre 8

L'ART ET LA PUBLICITÉ

La publicité est-elle un art ?

De l'art à la publicité et de la publicité à l'art, les échanges sont à la fois une constante et une évidence.

Entre adhésion et dérision, fascination et rejet, humour et sarcasmes, les deux registres partagent une même identité plastique aussi suggestive que subjective.

La publicité, tout comme l'art, n'est rien d'autre qu'un langage plastique.

Aussi, le modèle artistique permet-il précisément d'appréhender la publicité dans son fonctionnement, ses procédés, ses mécanismes, et ainsi de mieux la comprendre…

Car la définition même de la publicité et son histoire propre se sont mêlées à celle de l'art, même si, pour nombre de beaux esprits, leur association semble poser problème, comme si, en l'occurrence, deux échelles de valeurs se confrontaient ici de plein fouet. D'un côté, il y aurait l'art auquel on associe création pure, esthétique et sens ; de l'autre, la publicité à laquelle on associe manipulation commerciale et message mensonger. Ainsi, l'enjeu mercantile séparerait d'emblée art et publicité.

Les choses sont, en réalité, bien plus complexes.

Indubitablement, la publicité occupe un secteur économique puissant, à la mesure tout simplement des résistances et contestations qu'elle suscite. Et c'est bien à ce titre, celui de son pouvoir économique, que la problématique de l'art dans la promotion commerciale nous concerne ici. Or interroger l'apport de l'art à la publicité revient à envisager la promotion commerciale comme une forme artistique. En d'autres termes, il s'agit de poser la question suivante : la publicité est-elle oui ou non un art ? Il n'est guère question, ici, de refaire une histoire des rapports de l'art et de la publicité mais plutôt de remettre ces derniers en perspective, à la lumière des enjeux, de l'histoire et des véritables ambiguïtés qu'ils soulèvent.

Une rencontre d'intérêt

Des vecteurs de message

Vouée à rendre « public » par définition, la publicité opère comme un transmetteur d'information.

De la même manière, André Leroi-Gourhan, le plus grand spécialiste de l'art préhistorique, nous rappelle que : « Même dans les œuvres les moins figuratives et les plus dénuées de contenu religieux, l'artiste est créateur d'un message ; il exerce à travers les formes une fonction symbolisante qui perce ailleurs dans la musique ou le langage. »

Faut-il rappeler ici que tout l'art médiéval constitue une « Bible du pauvre », une Bible illustrée, que l'art baroque n'est d'abord qu'une apologie de la gloire divine catholique, contestant la vague protestante ? La publicité, tout comme l'œuvre d'art, sont donc porteuses d'un sens. Par ailleurs, la vocation à être rendue publique, à « s'offrir au regard d'autrui » leur est bel et bien commune. Cependant une différence majeure les oppose : le message publicitaire a un destinataire défini, une cible de consommateurs potentiels plus ou moins large, tandis que le message artistique, tel qu'entendu plus haut, se suffit à lui-même. Mais surtout, la publicité entend faire vendre un produit, distinct d'elle-même, alors que l'œuvre d'art ne propose qu'elle-même aux spectateurs, amateurs ou commanditaires (voir cahier central p. vii).

C'est bien au nom de cette première antinomie que l'art et la publicité se sont trouvés au cœur de conflits théoriques et intellectuels virulents. « La peinture est un but en soi. L'affiche n'est qu'un moyen, un moyen de communication entre le commerçant et le public, quelque chose comme le télégraphe. L'affichiste joue le rôle du télégraphiste : il n'émet pas de message, il les transmet. On ne lui demande pas son avis, on lui demande d'établir une communication claire, puissante, précise », résume l'affichiste publicitaire Cassandre en 1929[1].

---

1. Cassandre, in *L'Art international d'aujourd'hui*, numéro consacré à la publicité, 1929.

Le mercantilisme inhérent à la publicité a ceci de particulier que non seulement il concerne le produit publicitaire mais aussi – et surtout – le produit promu. À l'inverse, l'œuvre d'art, que le préjugé commun exclut trop facilement du circuit marchand, n'y existe que pour elle-même. Il ne fait donc aucun doute que les enjeux de l'art et la publicité divergent foncièrement.

Des moyens et des techniques

Quant aux moyens dont dispose la publicité, ils concernent d'abord les techniques de diffusion, c'est-à-dire les supports. Ce sont eux en effet qui ont fait évolué ses procédés propres de construction des messages (voir cahier central p. vii). Aux crieurs de la place publique du Moyen Âge ont succédé les placards de la période classique, puis les annonces, à partir de 1631, date de naissance de la fameuse *Gazette* de Théophraste Renaudot. La presse devient le média privilégié pendant tout le XIXe siècle dès lors qu'Émile de Girardin a l'idée géniale de vendre des pages à des « annonceurs » pour financer son journal en 1836. L'invention de la chromolithographie (1820) qui permet la reproduction en couleur, fait bientôt exploser l'affiche, encouragée par la loi de 1881. *La Revue Blanche* en France, *Harper's* à New York, *The Poster* à Londres, *Simplicissimus* à Munich publient dès la fin du XIXe siècle les plus belles d'entre elles. La profession de publicitaire s'autonomise avec la fondation de la première agence en 1857, Havas, intermédiaire désormais incontournable entre supports et annonceurs. La radio est investie dès les années 1920 puis la télévision à la fin des années 1960, et tous les réseaux de télécommunications jusqu'à internet aujourd'hui. Les médias ne sont cependant pas les seuls supports de publicité. Dès 1925, Citroën fait sensation en s'affichant sur la Tour Eiffel. Les transports et les espaces publics vendent eux aussi leurs surfaces disponibles, trains, taxis, autobus, gares, etc. Coca-Cola développe dès le début du XXe siècle de nombreux objets qui font la joie des collectionneurs : plateaux, étiquettes, marque-pages, calendriers, guirlandes de comptoir… Le pli est pris : images des chocolats Poulain, jouets des lessives Omo, boîte à biscuits LU et autre porte-clé et autocollants sont autant de porte-parole publicitaires. Parrainage, mécénat et sponsoring viennent compléter la panoplie toujours plus large de l'espace publicitaire. Alors envahissante, prédatrice, la publicité ? Son omniprésence dans

© Dunod. La photocopie non autorisée est un délit

nos sociétés occidentales hérisse certains tant elle fait effectivement feu de tout bois. En contrepartie, la multiplication des possibilités contraint les stratèges du marketing à verrouiller leurs objectifs de campagne pour optimiser leurs investissements publicitaires, indispensables mais lourds et acrobatiques.

Deux disciplines plurisensorielles

Subjective par définition, la publicité a besoin de faire appel à tous les sens pour optimiser son efficacité, quel que soit son ou ses objectif(s). Et c'est bien pourquoi, elle trouve en l'art le modèle le plus accompli et le plus diversifié en matières de procédures plastiques. Comme l'œuvre d'art, la publicité se doit d'être simple, claire, immédiate. Ce qui ne veut pas dire que sa construction le soit ! Typographie, vocabulaire, structure grammaticale, ponctuation, cadrage de l'image, lumière, colorimétrie, parti pris visuel, rien ne peut être laissé au hasard, chaque détail entre en jeu pour composer un message optimal ! Le principe de la satisfaction, de la « délectation » aurait dit Nicolas Poussin au XVIIe siècle, procuré par l'œuvre d'art rejoint l'objectif recherché par la publicité : l'évidence trompeuse d'une image qui aurait toujours existé. Elle cache un travail qui relève souvent du parcours du combattant, du challenge, du défi impossible. Concilier sous une forme immédiate un message à dimensions variables, c'est aussi savoir faire appel à la fois à l'intellect, à l'émotion, à l'œil, l'ouïe, le toucher voire l'odorat et le goût. Bref, la publicité, comme l'art, met en œuvre un savoir-faire pluridisciplinaire. Elle recourt à des procédés multiples pour répondre à ses enjeux et potentialiser ses supports disponibles.

Un transfert naturel s'opère donc de l'œuvre d'art à la publicité, dans la mesure où la première déploie une palette infinie de procédés de mise en œuvre de messages.

Les artistes face à la publicité

Watteau, premier artiste publicitaire ?

Nombreux sont, dans l'histoire, les grands artistes qui se sont confrontés à l'exercice publicitaire. Parmi eux, Antoine Watteau, peintre de la Régence. Son chef-d'œuvre *L'Enseigne de Gersaint*[1] figurait dans la vitrine du marchand de tableaux qui le lui avait commandé et servait d'appât commercial (voir cahier central p. viii et ix). Quant au fameux *Gilles*[2], également connu sous le titre de *Pierrot*, il s'agit là encore d'une enseigne conçue pour l'un de ses amis comédiens (voir cahier central p. x). On associe mal la discrétion maladive du peintre de la fête galante avec ces réalisations à caractère proprement publicitaire ! Mais c'est au XIXe siècle que l'engouement des artistes pour le phénomène publicitaire, tout nouveau, se manifeste vraiment et fait évoluer le genre grâce au procédé technique de la lithographie qui permet la reproduction en série. La mise au point de la chromolithographie, c'est-à-dire de la lithographie en couleurs, fait véritablement décoller l'art de l'affiche dans la seconde moitié du siècle. Chéret est le premier à s'y employer en 1867 pour le Bal Valentino, le succès suit très vite et lui vaut bientôt les surnoms de « Fragonard de la rue » ou de « Watteau du papier peint ».

De l'âge d'or de l'affiche publicitaire à son instrumentalisation

Bientôt, c'est Henri de Toulouse-Lautrec qui lui emboîte le pas et lui succède comme maître incontesté du nouveau genre. Entre 1891 et 1896, que ce soit pour le Moulin Rouge, le café concert des Ambassadeurs ou celui du Divan Japonais, les grandes figures de la nuit parisienne deviennent ses porte-parole : Jane Avril, la Goulue, Yvette Guilbert, Aristide Bruant occupent les premiers plans de ses affiches. Aplats colorés d'une surface encore jamais osée, dessin synthétique audacieux, portraits devenus emblématiques, le style de Toulouse-Lautrec tranche avec les circonvolutions langoureuses qui avaient fait la gloire de Chéret et précède les audaces picturales ultérieures d'un Matisse. Il ouvre une page nouvelle pour l'affiche publicitaire, celle d'un art à part entière, et reconnu comme tel par des collectionneurs qui s'arrachent ses affiches dès les années 1890. Pas plus de trente et une affiches à son actif et pourtant une véritable légende, le cas de Toulouse-Lautrec, unique, est exemplaire ! Dans la foulée, le petit groupe des Nabis, encouragé par le mentor de la *Revue*

1. Charlottenburg, Vienne.
2. Musée du Louvre, Paris.

© Dunod. La photocopie non autorisée est un délit

Blanche, Natanson, produit quelques affiches cultes : *La Revue Blanche* précisément, de Pierre Bonnard (1891) ou encore *France Champagne* et le *Salon des Cent*, toujours du même (voir cahier central p. xi). Lorsque la grande Sarah Bernhardt se lasse des affiches dessinées par Grasset, son imprimeur Lemercier demande au seul artiste qu'il ait sous la main de tenter l'expérience. Alphonse Mucha décroche ainsi un contrat de six ans avec l'actrice qu'il immortalise dans ses divers rôles selon une composition caractéristique : format en hauteur, texte minimal rejeté en haut et en bas faisant la part belle à la figure, parée de son costume de scène et des bijoux dont elle raffolait. La réussite formelle de ces premières affiches ne tarde pas à attirer l'attention des industriels. Et bientôt convaincue de l'intérêt de ce nouveau support médiatique, l'industrie fait appel aux mêmes artistes pour promouvoir ses produits en s'en remettant totalement à leur inventivité. Grasset travaille pour les Encres Marquet et l'Abricotine, Toulouse-Lautrec pour les Cycles Simpson, Mucha pour Nestlé, Lu, Bénédictine et les Bières de la Meuse. Ce qui frappe dans l'apport des artistes à la fin du siècle, c'est leur capacité à marquer de leur style, celui de l'Art Nouveau en particulier, l'esthétique générale de la publicité tant est grande la marge de liberté qui leur est donnée. Créations à part entière, leurs affiches intègrent néanmoins peu à peu l'exigence publicitaire et celle-ci fait évoluer leur style pictural propre vers plus de synthèse graphique, plus d'audace colorée. Mais le recours au texte reste encore très limité.

À partir des années 1960 l'affiche devient un matériau d'expression plastique à part entière : l'américain Robert Rauschenberg et les Européens La Villeglé et Raymond Hains l'utilisent après l'avoir décollée des murs dans l'état où elle se trouvait : lacérée et superposée, vulnérable et consommable : témoignage poignant de la société de consommation où la publicité se consomme autant que les produits eux-mêmes.

L'âge publicitaire est né, il est encore balbutiant !

La référence artistique, un « must » dans la publicité

L'art existe aussi dans la publicité autrement que par l'intervention directe des artistes, sous forme de référence. En effet, la publicité imite non seulement l'œuvre d'art, mais aussi sa fabrication, ses matériaux, son auteur, son marché, bref tout ce qui se passe en amont et en aval de l'œuvre. La référence artistique est un véritable « must » publicitaire dont il faut interroger les motivations avant d'analyser les formes.

La référence artistique, une valeur sûre

La référence artistique procure un critère de valorisation immédiate. Le produit publicitaire lui-même en bénéficie puisque les palmarès professionnels récompensent étrangement les publicités à référence d'art : majoritairement sélectionnées, elles raflent aussi la plupart des prix dans les festivals ! Mais c'est bien sûr d'abord au profit du produit promu que la référence artistique s'avère valorisante. Le transfert de références s'opère souvent inconsciemment de la Laitière de Gervais, dont le modèle est l'un des plus fameux tableaux de Vermeer (mais qui s'en souvient ?) à la série Picasso de la Citroën Xsara. Le fait est assez marquant pour que la publicité s'autorise à se référer à l'art sans que l'annonceur n'ait aucun rapport avec lui (voir entretien, p. 204) !

Transgression, tabous, interdits

Mais ce n'est pas tout. La référence artistique permet aussi à la publicité d'aborder des sujets difficiles, tabous, voire illégaux. La valorisation et la reconnaissance qui lui sont associées participent d'ailleurs à l'autoriser à franchir les limites dans les secteurs délicats de la médecine, de la sexualité ou de la légalité. Par exemple, les Pompes Funèbres générales encouragent à prendre en main soi-même ses propres obsèques sous prétexte de mieux profiter ensuite de visites au musée (campagne CLM/BBDO 1998), Miro et ses compositions surréalistes servent l'avertissement des opticiens Visual contre la presbytie (campagne Euro RSCG 1995). Le « porno-chic » qui s'est imposé dans les récentes campagnes Gucci ou Yves Saint-Laurent illustre encore les libertés que peut s'autoriser la publicité au nom de références esthétisantes extrêmes. Le tabac, l'alcool tout comme leur défense et les grandes causes humanitaires enfin, ont largement bénéficié de l'imagination des publicitaires à utiliser la référence artistique pour frapper les esprits. Souvenons-nous, entre

© Dunod. La photocopie non autorisée est un délit

autres exemples, du champagne Carlton qui, en 1990, s'affichait avec un tableau de Bouguereau, *L'Enfance de Bacchus*. La légende ? « Ils n'ont pas dû lire la ligne du dessous ! » faisant référence à l'avertissement légal contre l'abus d'alcool (campagne Ploom & co). « La licence d'art est intimement liée aux interdits de la publicité, sa licence permet de montrer et dire ce qu'habituellement on cache, non pas par manque de savoir-faire, mais par auto-frustration. La référence d'art permet, en contournant la loi, d'aborder tant des sujets légitimement tabous que des sujets légalement interdits », explique Sarah Carrière-Chardon, commissaire de l'exposition « l'Art dans la pub » [1]. D'ailleurs, la contestation de la publicité dont on fait aujourd'hui grand bruit n'est pas nouvelle. Il existe en France depuis 1890 une loi contre l'immoralité des étalages et contre les affiches susceptibles de choquer, et depuis 1896 une « Ligue pour la moralisation des masses » milite dans ce pays pour une publicité « morale » ou vertueuse.

Critère de reconnaissance, de valorisation, de liberté, de diversité, la création artistique offre à la publicité un répertoire de références particulièrement propices au détournement de sens. Les valeurs qu'elle permet de transférer de l'œuvre au produit sont aussi précieuses que rares et expressives.

La référence artistique sous toutes ses formes

Citation, mise en scène et détournement de l'œuvre d'art

Comment fonctionne la référence artistique dans la publicité ? Une exposition qui s'est tenue à Paris en 2000 au musée de la Publicité en a fort bien montré les multiples différents modes possibles, de la citation littérale au mime parodique. La reproduction de l'œuvre d'art est le plus souvent partielle, comme pour ne pas court-circuiter le message et la priorité donnée au produit. L'œuvre d'art peut aussi être remise en scène, avec plus ou moins de liberté par rapport au modèle. Photographiée en 1991 par Jean-Paul Goude, Vanessa Paradis renversant le flacon de parfum Coco pour Chanel reprend la pose d'un tableau de Ingres, *La Source*. Peu importe d'ailleurs en

1. Catalogue de l'exposition « *L'Art dans la pub* », Musée de la Publicité, Paris, 2000.

l'occurrence que d'aucuns ignorent l'œuvre originale conservée au musée d'Orsay, le raffinement de l'attitude, la signature du photographe et la star font le reste ! Parfois, le produit (ou son utilisateur) devient lui-même par le truchement de la parodie œuvre d'art et s'en approprie ainsi toutes les valeurs, à la fois de qualité et d'éternité. C'est le cas par exemple de la confiture Bonne Maman trônant dans une nature morte photographique dans le style de Chardin, en 1998. L'allusion peut également s'avérer un procédé très efficace dans le cas de références artistiques bien établies. Le Petit Beurre de LU, croqué par l'angle, fut photographié avec la mention suivante : « Hommage à Van Gogh ». Affichée en 1991, année du centenaire de la mort du peintre, la référence à l'épisode malheureux de l'oreille coupée ne pouvait passer inaperçue. Enfin, le trucage permet aussi d'intégrer de manière incongrue le produit dans l'œuvre d'art comme la bouteille d'eau de Javel La Croix, mise en scène successivement dans les *Repasseuses* de Degas, une danseuse de Toulouse-Lautrec et une scène tahitienne de Gauguin.

Bref, la publicité déploie des trésors d'imagination dans la manipulation des œuvres d'art mais le glissement qu'elle s'autorise, du chef-d'œuvre au produit le plus commun, fait grincer bien des dents : sacrilège, récupération, exploitation au profit d'une activité purement mercantile, le geste dérange très vite. Aussi le ton se doit-il d'être manié avec la plus grande maîtrise, le plus souvent décalé, pour répondre à l'enjeu initial et ne pas se retourner contre lui.

L'artiste, l'atelier et le marché de l'art

Au-delà de la référence à l'œuvre elle-même, la publicité sait aussi se référer astucieusement à sa fabrication, ses matériaux, son auteur, son marché ou encore son exposition. Puissance du marbre ou richesse d'une palette de peintre, poésie de l'atelier ou labeur de l'esquisse, nombreux sont les poncifs artistiques dont la publicité fait son miel. Les collectionneurs et les musées eux-mêmes entrent en scène. Tout récemment encore, le constructeur informatique Hewlett-Packard a diffusé un spot télévisé très esthétique qui, pour illustrer le haut niveau de ses prestations technologiques, projetait leur mise au service des œuvres d'art dans un musée. On se souvient aussi du geste de Picasso signant sur un écran filmé par Apple, en

© Dunod. La photocopie non autorisée est un délit

1999 : « *Think different* » (« Pensez différemment ») commentait l'annonceur pour justifier le lien entre l'artiste le plus révolutionnaire du XXe siècle et son activité informatique, synonyme d'innovation et de modernité. Le culte dans lequel est tenu l'artiste aujourd'hui conforte paradoxalement ces références dans la publicité tout en rendant leur maniement des plus délicats. Le faux pas est en effet impardonnable avec un tel sujet, à la mesure tout simplement de l'aura qualitatif et subjectif qu'il peut offrir.

Nul doute par conséquent que la référence d'art n'a pas fini de jalonner notre environnement publicitaire et de nous surprendre, à condition de rester toujours parfaitement cohérent avec son propos, son message.

Notre monde contemporain est caractérisé par la conquête de l'image, toujours plus riche, toujours plus complexe, omniprésente en un mot. Tout le monde s'en agace mais qui l'interroge, qui la décode ? En l'occurrence, le fonctionnement de l'œuvre d'art offre le meilleur modèle qui soit. C'est la raison pour laquelle les publicitaires y puisent toujours davantage, non seulement des références, mais aussi des procédés techniques. Collages, photomontages, trucages ne sont que des dérivés de procédés initiés par les artistes et ce, depuis fort longtemps !

Rébus sensoriel et suggestif par définition, l'œuvre d'art propose ainsi des lectures multiples, successives, transversales, que les historiens d'art se régalent à déchiffrer et dont les créatifs des agences de publicité s'inspirent de plus en plus.

La publicité y trouve un équivalent plastique puissant, et l'histoire de l'art lui ouvre un champ d'investigation quasi illimité.

Y a-t-il un art publicitaire ?

La célébration paradoxale de la publicité

Compte tenu des enjeux, moyens et procédés propres à la publicité, nous avons pu constater que le modèle artistique, soit directement (par le biais d'artistes contemporains) soit indirectement (par le biais de références), présentait un itinéraire assez privilégié de transfert de valeurs à la fois positives et efficaces pour la publicité.

Pour autant la publicité est-elle un art à part entière ? Y a-t-il un art publicitaire ?

Si nous osons la question, c'est que plusieurs indicateurs nous obligent à la poser. Depuis une vingtaine d'années l'histoire de la publicité, ses grandes figures, ses rapports avec l'art, ses réalisations, fait l'objet d'études, de recherches et d'expositions ambitieuses. Un musée parisien lui est même entièrement dévolu. Par ailleurs, un festival international du film publicitaire succède à celui du film, à Cannes, chaque année. Nuit des Publivores, magazines de presse (CB News) ou de télévision (Culture Pub) dévolus au genre, les manifestations du milieu professionnel célèbrent régulièrement ses créations. La consécration récente de la publicité est donc réelle, aux côtés, tout juste aux côtés des arts plus anciennement reconnus. Car enfin, il n'est pas encore question d'exposer une affiche publicitaire aux côtés d'un Matisse ou de mettre en compétition un spot avec un court-métrage de fiction ! Une ligne de démarcation très nette sépare encore la publicité des autres arts, tout en faisant mine de l'en rapprocher. Alors ? La reconnaissance de la créativité artistique de la publicité se fonde d'abord sur les apports historiques qui l'ont nourrie et fait mûrir comme nous l'avons vu. Mais ce n'est pas tout.

De la publicité à l'art moderne et contemporain

En effet, la publicité a aussi très largement contribué, en retour, à l'évolution des arts du XXe siècle. Le mouvement contestataire Dada devrait par exemple son nom à une publicité suisse pour une lotion pour cheveux : l'image de la jeune fille présentant le flacon de lotion sur lequel à nouveau figurait la même jeune fille présentant un flacon et ainsi de suite… constituait une parfaite mise en abyme de l'absurde et du non-sens mis en scène par Dada en particulier à travers les ready-made. L'objet est vidé de son contenu, le signe dépourvu de son sens. Marcel Duchamp entend dénoncer la vacuité du monde moderne, dans cette logique de refus de geste créateur. Le détournement des objets de consommation et des procédés publicitaires par l'art du XXe siècle a été poussé très loin. Magritte y a ainsi trouvé l'un des ressorts les plus efficaces de son esthétique surréaliste : tout en supprimant tout lien logique rationnel entre l'image (pomme, nuage, pipe) et le texte, ou en associant des objets

© Dunod. La photocopie non autorisée est un délit

incompatibles entre eux, il maintient un dessin illusoirement simplifié, qui dupe le spectateur et l'éloigne radicalement de la réalité objective. Le procédé est directement issu de son expérience de publicitaire, tout comme l'absurde, la subversion, l'humour, la dérision… Autre exemple : on se souvient bien sûr des bouteilles Coca-Cola et des boîtes Campbell reproduites en nombre déconcertant par Andy Warhol. Quant à l'affichage publicitaire dévorant, La Villeglé et Hains l'ont, comme on l'a déjà vu, carrément intégré dans leurs toiles en collant des affiches décollées et déchirées. À l'inverse, Buren investit directement l'espace publicitaire de ses rayures colorées : panneaux d'affichages, hommes sandwich, transports publics… Inutile de poursuivre cette énumération, la publicité est devenue un ressort essentiel de la création artistique. Ses procédés, ses mises en scène, ses moyens de diffusion sont autant de nouveaux outils que les artistes ont su et continuent à s'approprier largement. Jean-Hubert Martin explicite les enjeux de ces renvois de la publicité à l'art : « Le détournement (ready-made, collage ou photomontage) et la tautologie (œuvres autoréférentielles) sont les deux procédés essentiels qui ont servi au cours du siècle à rendre compte des données de la société industrielle et à échapper à une formalisation tributaire d'une conception romantique et démiurgique de l'art. (…) Les artistes actuels si nombreux à s'emparer des procédés de la publicité, se livrent à un double jeu contradictoire : ramener l'œuvre à son rôle de marchandise, tout en préservant l'aura conférée par le contexte de l'art qui la couvre de sa protection aussi bien économique que culturelle. »[1]

Est-ce à dire qu'elle atteint au rang d'art à part entière ?

Problème de définitions

Rappelons d'abord que les enjeux de la publicité et de l'œuvre d'art sont essentiellement distincts. La première a vocation à vendre un produit de consommation ou d'équipement ou encore un service. La seconde se suffit à elle-même. La différence, évidente, est de taille et pourtant, une situation ambiguë perdure, qu'il faut lever ici. En

1. Jean-Hubert MARTIN, Catalogue de l'exposition « *Art et publicité* », Centre Pompidou, Paris, 1991.

effet, l'histoire de la publicité reste récente et l'autonomisation de la profession ne s'est vraiment imposée qu'au lendemain de la Seconde Gguerre mondiale. À force de revendiquer haut et fort ses lettres de noblesse, la publicité s'est simultanément exclue de l'univers artistique avec lequel elle avait toujours entretenu des liens ambigus. Désireuse d'y être reconnue et valorisée, elle appréhendait de s'y dissoudre et s'est constitué une culture propre. Le vocabulaire courant a intégré le terme de « pubard » pour désigner ses membres. Faire partie de la « planète pub » est donc un caractère qui se revendique, en dépit des connotations péjoratives que le mot en question véhicule. La consécration du genre et la reconnaissance de sa créativité toujours plus convaincante concernent le produit publicitaire. La complexité même de son élaboration risque de faire oublier sa finalité première qui reste la promotion commerciale d'un autre que lui-même, pour ne considérer que sa valeur créative, voire artistique. Le danger est bien là, dans la confusion du produit publicitaire avec le produit promu. La publicité finirait alors par se suffire à elle-même à son tour, le message et son transmetteur vaudraient pour eux-mêmes, indépendamment de leur commanditaire, l'annonceur... une hérésie totale !

« Non la publicité n'est pas un art. C'est un moyen de communication qui peut permettre à un artiste de s'exprimer. Mais certaines publicités sont si belles qu'on peut les considérer comme des œuvres d'art », reconnaît le photographe publicitaire Jean-Paul Goude[1]. Cassandre n'hésitait pas, quant à lui, à déclarer carrément, à propos de l'affiche : « On ne lui demande pas de se faire aimer ni comprendre, seulement de se faire subir. Elle est à la peinture ce que le viol est à l'amour. » La virulence de ces propos a le mérite de clarifier les enjeux et de permettre de comprendre pourquoi l'apport de l'art dans la publicité s'attire si souvent les foudres de la critique. En la matière, le clin d'œil est vite taxé de sacrilège, d'iconoclasme. Le miroir de l'art que nous renvoie la publicité dérange parce qu'il n'en est qu'un miroir déformant, dont le sens surtout est détourné. Qui plus est, les renvois de la publicité à l'art et sa créativité indéniable remettent en question la suprématie de l'art.

1. Jean-Paul GOUDE, in *Le Monde*, 8 juin 1988.

© Dunod. La photocopie non autorisée est un délit

Ses œuvres sont-elles finalement toujours à la hauteur de ses prétentions et de son histoire ? Les réalisations publicitaires ne dépassent-elles pas, par leur créativité, certaines œuvres d'art contemporaines ? C'est bien plutôt cette question qui embarrasse dans la place croissante que prend la publicité dans notre environnement quotidien. Le déploiement croissant de créativité dont elle témoigne ne peut que forcer le respect et la considération, sinon toujours l'admiration.

***

L'apport de l'art à la publicité est donc à la fois une évidence et une interrogation permanente. L'histoire de la publicité montre bien l'intérêt et l'implication constante des artistes, la pertinence aussi des références artistiques plus anciennes. Dans une connivence de moyens, de procédés, de supports, publicité et art se sont trouvé des terrains d'interférences multiples qui ont brouillé les frontières entre les deux domaines, en dépit de leur divergence fondamentale d'enjeux. La créativité artistique, dont la publicité ne saurait se passer, ne cesse de nous surprendre au point de l'apparenter, presque, à un art à part entière. L'historien François Burckhardt résume ainsi le rapprochement des deux disciplines, dont nous avons montré les ambiguïtés : « La publicité s'est progressivement détachée de la marchandise tandis que l'art s'est trouvé progressivement intégré au marché. » Alors quels en sont les dangers ? En ce qui concerne le registre proprement artistique, le détournement publicitaire ne saurait être accusé de diffuser une information mensongère dans la mesure où, personne n'en est dupe, son propos n'est certes pas d'éveiller à la conscience artistique, encore moins à la connaissance ! Il revient à d'autres d'assumer cette responsabilité et non de s'en prendre trop facilement à la publicité. En ce qui concerne les consommateurs auxquels s'adresse le discours publicitaire, la saturation comme le dérapage sont des erreurs difficilement rattrapables comme nous avons eu l'occasion de le rappeler. Aussi l'apport artistique ne peut-il qu'être employé avec la plus grande circonspection. Cette exigence extrême agit comme un garde-fou très rassurant finalement et c'est probablement la raison pour laquelle la publicité à référence d'art n'est pas tout à fait par hasard l'une des plus remarquée, dans la production foisonnante du secteur… Son efficacité n'a d'égale que sa valeur patrimoniale d'ores et déjà consacrée. Elle trouve en effet dans la production artistique à la fois la reconnaissance,

ILLUSTRATIONS

***Les marchands chassés du temple*, Giovanni Paolo Pannini (1691-1765)**
Huile sur toile
Paris, musée du Louvre
© Photo RMN - © Droits réservés

Quand l'histoire religieuse propose une métaphore de l'opprobre qui pèse sur la marchandisation de l'art…

***Perrier 2000, l'eau, l'art, la vie*, Agence Ogilvy et Mather, Paris**

Les Arts Décoratifs, musée de la publicité, Paris

Photo Laurent Sully Jaulmes. Tous droits réservés

Quand le produit devient objet d'art, la convoitise monte d'un cran…

***Le prêteur et sa femme*, Quentin Metsys (1465/1466-1530)**
Huile sur toile
Paris, musée du Louvre
© Photo RMN - © Daniel Arnaudet

Le Nord protestant fut l'un des plus ouverts et simples dans ses rapports entre l'art et l'argent.

Chaise n° 6, teintée noyer ; modèle créé vers 1850 par Michael Thonet père

Paris, musée d'Orsay

© Photo RMN – © Gérard Blot

L'un des premiers objets de design pratique,
conciliant esthétique et déclinaison industrielle.

***Requiem pour une feuille morte*, Jean Tinguely, 1967**

Bois peint, fer et divers

Collection Renault

© Georges Poncet (photographe) - © Adagp, Paris, 2005

Œuvre de la collection Renault, en dépôt au Musée National d'Art Moderne, Centre Pompidou.
Un exemple de dialogue ouvert entre une collection d'entreprise et une institution (voir entretien, p. 137)

***Le petit colporteur*, François Boucher (1703-1770)**
Huile sur toile
Gray, musée Baron Martin
© Photo RMN - © Christian Jean

Les ancêtres des nos publicitaires usaient du verbe et du papier, dans la rue.

***L'Enseigne, dit L'Enseigne de Gersaint*, Jean-Antoine Watteau (1684-1721)**
Berlin, Schloss Charlottenburg
© BPK, Berlin, Dist RMN - © Jörg P. Anders
L'artiste au cœur du marché de l'art et de sa publicité.

Pierrot, dit autrefois Gilles, **Jean-Antoine Watteau (1684-1721)**
Huile sur toile
Paris, musée du Louvre
© Photo RMN - © Jean-Gilles Berizzi

Une enseigne publicitaire peinte pour un comédien.

Les frères Bernheim-Jeune, marchands de tableaux et éditeurs,
Pierre Bonnard (1867-1947)

Huile sur toile
Paris, musée d'Orsay
© Photo RMN - © Gérard Blot - © Adagp, Paris, 2005

L'un des plus grands galeristes de la fin du XIXe siècle et du début du XXe siècle, pionnier et découvreur de talents majeurs.

***Bien faite, mal faite, pas faite # 4,* Agnès Thurnauer, 2003**

Acrylique sur toile

132 x 100 cm

Courtesy Galerie Ghislaine Hussenot, Paris

Détournement de la publicité Aubade (série exposée à la FIAC 2004).

Voir entretien, p. 121.

Photo prise lors de la restauration de la Galerie des Glaces de Versailles par Vinci

© Photothèque Vinci – F. Poche/atelier culturel

En exclusivité, le chantier au cours de la restauration de la Galerie des Glaces (voir entretien, p. 104).

***Esmeralda*, Florence Schneider, 2004**
Lauréate du Prix Arcimboldo 2004, Hewlett Packard.

Le prix Arcimboldo, une initiative remarquable, et chaque année remarquée, de la fondation HP en faveur de la création contemporaine, qui ne manque pas de valoriser les hautes technologies.

Jean-Philippe Serrano et son animal de compagnie, 2004
Série « Éléphants » exposée à l'Agence DDB.
(voir entretien, p. 103)

l'identification, la valorisation, la liberté et la diversité qui font son succès. Il n'y a finalement pas de secret !

« Leçon n° 1 : je n'ai pas de leçon à donner »

Entretien avec Agnès Thurnauer, artiste

À la FIAC 2004, vous avez choisi d'exposer, entre autres, une série de toiles intitulées « Bien faite, mal faite pas faite », des œuvres directement détournées de la campagne d'affichage d'une marque de lingerie (Aubade) qui avait beaucoup marqué les esprits, avec ses « leçons de séduction » (voir cahier central p. xii). Pourquoi vous être intéressée à cette publicité ?

D'une manière générale, je travaille avec tout ce qui m'entoure. Par les moyens de la peinture, le tableau incorpore des éléments de notre monde contemporain pour les mettre en relation et les faire dialoguer ensemble. Ce qui m'a frappé dans ces affiches, c'est une forme de perversité : elles mettent en scène des corps en noir et blanc, esthétisés à l'extrême, dans des positions d'« offrande » très codifiées, avec pour chacune d'elles une « leçon de séduction » indiquant aux femmes la marche à suivre pour maîtriser leur séduction et avoir les pleins pouvoirs sur leur érotisme et leur sexualité. Or, tous ces corps sont sans tête. Aucun n'a de visage. Ce n'est pas d'un affranchissement qu'il s'agit mais d'une soumission déguisée et peut-être d'autant plus manipulatrice. J'ai fait toute une série de tableaux à partir de ces visuels, en remplaçant le noir et blanc par du violet, qui est une couleur très artificielle, et en travaillant le corps avec une grande liberté de facture, ce qui lui redonne chair et vie. Et puis j'ai enlevé la phrase de la leçon de séduction. Le rectangle dans lequel elle s'inscrivait devient donc un espace vierge, ouvert à toutes les projections, à tous les désirs, à toutes leurs formulations. Enfin, j'ai détourné le logo de l'artiste Robert Filliou en le mettant au féminin, et la proposition : « Bien faite, mal faite, pas faite, création permanente », vient interpeller chaque tableau, en soulignant à quel point est fondamentale, en matière de corps et de plaisir comme en matière de peinture, la question de la liberté individuelle et du dépassement des codes dans lesquels la société tend à nous enfermer.

Pour autant, aucune agressivité ne se dégage de ces œuvres. L'image de la femme, objet de séduction ou manipulatrice, ne fait l'objet d'aucune révolte explicite. Le sujet féminin est pourtant l'un de vos sujets d'inspiration récurrents.

Mon propos n'est pas de donner des leçons ! Au contraire. Le monde qui m'entoure ne cesse de me poser des questions que j'ai envie de

© Dunod. La photocopie non autorisée est un délit

représenter en peinture parce que c'est une façon d'y faire face. Je ne cherche pas à apporter des réponses à tout prix. Les réponses sont pour moi de l'ordre de la fermeture alors que la question tient de l'ouverture, et en tant que femme, c'est ce registre-là qui m'intéresse. Je n'ai pas besoin d'être agressive pour être forte ni de me révolter pour mettre en lumière des dysfonctionnements qui me semblent fondamentaux. La liberté qu'on trouve tant dans sa pratique artistique, dans son travail que dans sa sexualité, est la chose la plus importante pour moi. C'est une façon d'être, de penser, de bouger, et c'est ça qui « fait école », pas le fait de donner des leçons.

Si la question du féminin est un sujet qui revient dans mon travail, c'est parce que c'est un sujet moteur de l'histoire de la société et un nouveau sujet dans l'histoire de l'art ! Il n'y a pas de femmes artistes importantes jusqu'au XXe siècle. J'ai fait de cette absence un tableau où sont inscrits tous les noms des plus grands artistes en mettant leurs prénoms au féminin. Je ne suis pas une artiste féministe, je suis une artiste engagée.

Aujourd'hui, vous êtes très largement reconnue et exposée. Quel rôle a joué le prix Altadis, un prix de mécénat d'entreprise, reçu en 2000, dans votre carrière ?

Ce prix a été très important pour moi puisqu'il m'a permis, par une suite de rebondissements, de rencontrer ma galeriste actuelle, Ghislaine Hussenot. Je peins depuis toujours, j'expose régulièrement depuis des années mais c'est ma galerie qui m'a fait rencontrer tous ces collectionneurs qui achètent mon travail. Les initiatives des entreprises envers l'art sont fondamentales, non seulement pour les artistes et le marché qui les fait vivre, mais pour la vitalité de la société tout entière.

PARTIE 3

ART ET SOCIÉTÉ

Chapitre 9

L'ARCHITECTURE, REFLET DE L'IMAGE DE L'ENTREPRISE

« Il arrive très souvent qu'un ouvrage qui m'a contenté quand je venais de le faire, m'apparaît muet le lendemain, je m'abstiens d'en déduire que c'est imputable à l'ouvrage. J'ai depuis longtemps révoqué tout critère esthétique, je suis parfaitement sûr que le critère sera valablement où je voudrai le placer et que l'esthétique peut être indéfiniment renouvelée au plus grand profit de l'éveil de la pensée. Celle-ci a besoin, pour se mettre en mouvement, de se voir dépaysée. De toute œuvre j'attends qu'elle me surprenne fortement, qu'elle violente mes positions habituelles de jugement, m'en propose d'autres imprévues. »

Réponses à vingt-quatre questions de Valère Novarina, Jean Dubuffet, 1982

L'art n'est bien entendu pas étranger à l'image réelle et bien concrète de l'entreprise, qui commence avec ses bâtiments, ses locaux, son siège, ses usines.

En la matière, c'est l'architecture qui est reine et l'architecture ne se contente pas de répondre à des impératifs strictement fonctionnels et productifs. Voilà bien un art qui dès le XIXe siècle fut mis au service de l'image de l'entreprise. Une évolution remarquable s'est faite en trois étapes : la naissance de l'industrie a d'abord exalté par l'architecture les sites de production, les usines, comme prodiges de la modernité. Les progrès techniques et les impératifs économiques ont ensuite fait évoluer la construction au point que les sièges d'entreprise ont conditionné un tout nouveau paysage urbain : celui des gratte-ciel et des centres d'affaires. Dernière phase dans laquelle nous sommes entrés, la différenciation de l'image des entreprises procède de plus en plus par son architecture intérieure, et non plus seulement par son architecture extérieure.

Quelle est la valeur ajoutée d'un bâtiment architectural pour une entreprise ? À première vue, aucune.

Et pourtant, nombre de bâtiments emblématiques ont contribué (et contribuent encore) au rayonnement symbolique (et médiatique) d'une firme ou d'une marque.

L'usine, première image de l'entreprise et de sa modernité

Le couple des Becher, illustres photographes de Düsseldorf, a consacré châteaux d'eau et puits de mine comme des monuments patrimoniaux[1]. De fait le patrimoine industriel s'ouvre aujourd'hui au public et se visite largement. Ces sites du XIXe siècle surprennent souvent, conçus qu'ils ont été comme des vitrines. A l'époque, le siège social est relégué au second plan, c'est le centre de fabrication qui prime et qui renvoie l'image de l'entreprise. On y met en avant la productivité et le bien-être de l'employé, dans le but d'améliorer la productivité.

À Noisiel par exemple (Seine-et-Marne), la fabrique des chocolats Menier affirme dès 1842 la nouvelle position d'industriel et de notable local de son fondateur, Jean-Antoine Brutus Menier : un mur de clôture marque la limite de la propriété, incluant le château et l'usine, en même temps qu'il symbolise la séparation entre l'espace industriel et l'habitat villageois. Son héritier, Émilie-Justin Menier, s'appuie sur l'énergie hydraulique de la Marne pour s'adapter aux exigences d'une production mécanisée. Symbole de la rationalisation de l'espace industriel, le moulin fait l'objet d'un soin ornemental tout particulier dès 1874 : « Ce bâtiment étant le plus important de son usine, comme position, dimension et destination, Menier ne

1. Exposition « *Becher* », Musée national d'art moderne, Centre Pompidou, Paris, automne 2004.

recula pas devant la dépense et résolut de le décorer avec un luxe rarement usité dans les constructions industrielles (céramique, brique, éléments décoratifs vernissés, tuiles colorées…) », rapporte son architecte, Jules Saulnier. Ce moulin est l'incarnation de sa production : le chocolat, et de l'histoire de la société Menier ; cela grâce au traitement décoratif : dates, rosace polylobée, cabosses de chocolat en ronde bosse… L'usine de fabrication, montrée en exemple (Turgan lui consacre un numéro dans *Les grandes usines*) et fréquemment visitée (Tresca et Duchêne pour la Société d'encouragement pour l'Industrie Nationale) se doit de renvoyer une image de prospérité.

Plus connu encore est l'exemple de Nantes où la manufacture Lefèvre Utile répond à la devise de Louis Lefèvre-Utile : « Pour susciter la gourmandise, rien de tel que de séduire l'œil ». Ce dernier fit entourer, en 1888, le périmètre de son unité de fabrication, en intégrant la grande barre du quai Baco, terminée par un portail monumental en plein-cintre cerné de deux tours monumentales. Le traitement des parties supérieures des tours est magnifié avec un haut tambour, décoré à la peinture et à l'or, orné de la « Renommée » de Quinton, symbole de la marque « LU » en sculpture. Tout concourt à la monumentalisation de l'espace de production tandis qu'à l'ouest, la façade néo-classique des bureaux assure aux clients l'image cossue de la réussite.

L'emblème du siège social

Jusqu'au début du XXe siècle, les entreprises se développaient chacune sur un site isolé, spacieux. La liberté de créativité architecturale était totale, focalisée sur le génie de la machine, c'est-à-dire le site de production. Mais au XXe siècle, les contraintes économiques et les progrès techniques font évoluer la construction. Pour les entreprises, l'enjeu est désormais, à travers leurs bâtiments, de marquer leur territoire dans un tissu urbain, voire de créer un nouvel urbanisme. De Manhattan à la Défense, de Chicago à Shanghai, les quartiers d'affaires sont configurés par les architectes des sièges sociaux. Les centres décisionnels prennent alors le pas sur les centres de production. C'est leur architecture qui véhicule l'image de l'entreprise.

© Dunod. La photocopie non autorisée est un délit

Naissance d'un mythe : l'École de Chicago

D'où vient le gratte-ciel, symbole même de la puissance économique des grandes capitales modernes ? C'est à un incendie dramatique, en 1871 à Chicago, que l'on doit son émergence foudroyante aux États-Unis. Devant l'ampleur des travaux de reconstruction, les architectes de l'École de Chicago recourent à toutes les techniques les plus modernes à leur disposition et se dispensent de toute référence historique. Henri Hobson Richardson (1838-1886) initie le mouvement avec le magasin de vente en gros Marshall Field (1885-1887), dans un style massif caractéristique. Mais le gratte-ciel apparaît dans ces années tournant 1880-1890, avec le Home Insurance Building (1883-1885) de William le Baron Jenney (1832-1907). Ignifuge, il possède une ossature de métal habillée de brique et de maçonnerie. Dans les années 1890, les gratte-ciel des agences de Burnham et Root, Holabird et Roche, Adler et Sullivan définissent les lignes essentielles de l'architecture commerciale du XXe siècle et assoient l'École de Chicago. Des innovations technologiques vont accélérer le mouvement, en particulier l'ascenseur, né en 1852. Il se répand largement dès 1880 grâce à l'invention de Siemens : l'ascenseur électrique. Les matériaux principaux de ces nouveaux édifices sont l'acier[1] (dès 1856) et le béton armé[2], développé en France. La conjugaison de la force de compression du béton et de la force en traction de l'acier dans une grille homogène constitue l'un des tournants majeurs de l'histoire architecturale.

Une nouvelle révolution visuelle marque l'architecture des entreprises dans la première moitié du XXe siècle, à l'appui des théories du Bauhaus : la transparence. En 1911, Walter Gropius (1883-1969) et Adolf Meyer (1881-1929) conçoivent l'usine Fagus à Alfed-an-der-Leine en Allemagne. Ses murs sont composés d'une membrane de verre et d'acier à peine interrompue par des piliers structurels. Le Bauhaus, fondé par Gropius à Weimar en 1919[3], met l'accent sur la

1. Invention du procédé Bessner.
2. En 1892, Hennebique met au point un système permettant de définir les meilleurs endroits où placer les armatures d'acier dans le béton.
3. Transféré à Dessau en 1925 et fermé en 1933.

nécessité d'une analyse rationnelle et systématique à la base de tout programme de construction. Les bâtiments dessinés par Gropius en 1925-1926 sont une démonstration de ces principes. Ils se composent de formes élémentaires, articulées selon leur fonction, disposées sur un plan en soleil, avec des angles de verre, présentant une alternance entre solidité et transparence. Les enseignements du Bauhaus se répandent dans le monde entier. Aux États-Unis, le mouvement moderne s'illustre en particulier dans la construction commerciale.

Le gratte-ciel, un formidable stimulateur pour les architectes

Les immeubles de grande hauteur ont commencé par être des immeubles de bureau.

Au lendemain du crash de Wall Street en 1929, le cœur de la vie économique est bien confirmé à New York. Le contexte concurrentiel accru déclenche une surenchère sans précédent dans la construction des sièges sociaux. Rappelons-en les principaux. Tandis que se termine la construction du Chrysler Building de William Van Alen (1883-1954) à New York (1928-1930), et débute celle de l'Empire State Building (1930-1932) par Shreve, Lamb et Harmon, Le Rockefeller Center toujours à New York (1930-1940), de Reinhard et Hofmeister décline la construction d'espace commercial à plus grande échelle encore, sur 5 hectares, en exploitant lignes et plans dans un mouvement vertical. Le Lever House de New York (1951-1952) devient le modèle des immeubles de grande hauteur dans le monde entier : mur-rideau en verre bleu-vert en légères sections d'acier enveloppant l'extérieur de la structure principale, technologie des services, définissant une norme internationale, et disposition générale avec une dalle haute et fine au-dessus d'une plateforme basse contenant entrées et zones de circulation. Le Seagram Building (1954-1958), siège d'une entreprise de whisky à New York, surpasse le Lever House en matière de raffinement. Il s'élève en retrait pour offrir une vue complète de ses 38 étages et définir un nouvel espace urbain. La couleur du whisky, le brun, se retrouve dans la couleur de son verre et de ses poutres apparentes en bronze, il est monumental dans certains de ses détails et riche par ses matériaux de finition.

© Dunod. La photocopie non autorisée est un délit

Aujourd'hui, des totems emblématiques

De nos jours, l'architecture a franchi un pas supplémentaire. Ce sont les plus grandes marques (Dior avec Portzamparc, Prada avec Koolhaas, BMW avec Hadid) qui font appel aux architectes de renom pour ériger de véritables totems à la gloire de leur cause. Quant à la tour ovoïde « Munich Re » construite à Londres par Norman Foster (né en 1935), elle est devenue l'un des emblèmes du dynamisme de la grande et belle cité d'Outre-Manche.

Diversification et création dans l'architecture des sièges sociaux

Si le gratte-ciel a déterminé une image valorisante de l'entreprise et de son centre décisionnel dans les années 1930-1950, le paysage urbain économique en est aujourd'hui saturé. À telle enseigne que pour se différencier, l'entreprise n'hésite pas depuis les années 1970-1980 à inventer de nouvelles voies architecturales.

Par exemple, Richard Rogers (né en 1933) a adopté un parti pris étonnant pour le siège de la prestigieuse compagnie d'assurances Lloyds à Londres (1978-1986) selon le même procédé que le centre Georges Pompidou (1971-1977) : l'espace intérieur est laissé totalement libre, et tous les services, tuyaux, tubes, escalators et structure, sont rejetés à l'extérieur. Plus délibérément plastique, le siège social de Willis Faber and Dumas, conçu par Norman Foster à Ipswich en 1974, est composé d'un bâtiment de trois niveaux qui couvre l'ensemble d'un site irrégulier, drapé de façades ondulantes en verre sombre, derrière lesquelles des systèmes de climatisation très sophistiqués offrent des conditions de travail privilégiées. Les reflets dans le mur de verre, composant un motif sans cesse changeant de couleurs et de lumière, constituent le trait principal du bâtiment. Construite également par Foster, la tour de la Hong Kong and Shanghai Bank, à Hong Kong (1979-1986), inclut à grands frais la pointe de la technologie, non seulement dans ses systèmes informatisés de chauffage, de ventilation, de communications, de contrôle, d'éclairage et d'acoustique, mais aussi dans ses matériaux, issus de la recherche aérospatiale. Avec ces divers projets, on en revient aux vieux mythes fondateurs de l'urbanisme : concilier modernité et ordre, maintien d'une culture et diversité économique.

Une autre démarche est parfois envisagée : investir un hôtel particulier. Ce dernier permet à l'entreprise de se créer une identité, dans un bâtiment qui incarne l'assise, le prestige, la référence, la pérennité. À cette image sûre viennent parfois s'ajouter la modernité d'un apport contemporain, un ancrage de valeurs dans le passé et l'adaptation à la modernité par le biais de l'architecture. Certaines entreprises rénovent ainsi d'anciens hôtels particuliers parisiens pour y installer leur direction. C'est le choix fait par AXA (avenue Matignon) avec l'hôtel de la Vaupalière, construit en 1775 par Colignon et réhabilité par Ricardo Bofill qui a veillé à relier visuellement l'hôtel particulier et le bâtiment moderne. Association du passé et modernité sont illustrées par la réorganisation des espaces de bureaux autour de l'hôtel, l'abattage d'un étage offrant de nouveaux volumes plus adaptés aux besoins actuels. En préservant les salons du XVIIIe siècle, la compagnie d'assurances s'offre de magnifiques lieux de réception, proposant ainsi aux invités une image de patrimoine ancien adapté aux besoins économiques du XXe siècle, et de continuité qui sied bien à une compagnie d'assurance. De nombreuses autres entreprises ont eu recours à ce procédé : Pernod-Ricard (place des États-Unis), AGF (rue Le Peletier), dans l'hôtel particulier qui abrita l'ancienne « société Le Nord, compagnie anonyme d'assurances contre l'incendie, les accidents, le vol et autres risques ».

Architecture économique et urbanisme

Au-delà donc de l'image réelle de l'entreprise, c'est l'aménagement urbain qui est en jeu dans l'architecture de ses bâtiments et locaux. Dans les cas précédemment évoqués de Manhattan à New York ou de Chicago, le tissu urbain s'est structuré en fonction des constructions d'entreprises.

La Défense : un pôle économique tout en hauteur

Dans le cas de La Défense, à proximité immédiate de Paris, une ville a été construite de toutes pièces, à partir de 1958. Elle est aujourd'hui le premier quartier d'affaires européen, où travaillent plus de 130 000 personnes. Quatorze des vingt premières sociétés

© Dunod. La photocopie non autorisée est un délit

françaises ont leur siège à La Défense, comme la Société Générale, EDF, Elf, TOTAL, Saint-Gobain… Ce quartier incarne l'application de la Charte d'Athènes, inspirée par Le Corbusier en 1933, elle préconisait la généralisation des immeubles de grande hauteur. Le plan directeur élaboré entre 1959 et 1960 prévoyait, sur 800 hectares, la construction d'une entité complète comprenant entre autre 800 000 m^2 de bureaux, 5 000 logements et 50 000 m^2 de commerces. La réalité a vu se modifier cette ambition d'un quartier diversifié, au profit d'une augmentation du nombre de bureaux. Ainsi, au début des années soixante-dix, la surface de bureaux est doublée et compte actuellement, plus de 2 millions de m^2. Bon nombre de sièges sociaux en ont profité pour s'implanter à La Défense.

Saint-Quentin-en-Yvelines : un pôle économique vert et ouvert

L'autre pôle économique, plus éloigné de la capitale, plus à l'ouest encore que le précédent est situé aux abords de la ville nouvelle de Saint-Quentin-en-Yvelines depuis 1972. Comme à La Défense, l'environnement de haute technologie et la desserte des transports en commun y a favorisé l'implantation des sièges sociaux. Mais un second critère est entré en ligne de compte : les espaces verts (40 % de la ville nouvelle). Les sièges qui s'installent sur ce site privilégient un cadre de vie et de travail particulièrement agréable. Le parc immobilier de Saint-Quentin-en-Yvelines représente 3 400 000 m^2, dont 900 000 m^2 de bureaux en centre ville et plus de 20 parcs d'activités, d'une superficie totale de 700 ha, offrent un large choix d'implantation. La plupart des sociétés implantées sont des sièges sociaux (70 %) ou des établissements principaux : Technocentre Renault, Fiat, Valéo, Matra automobile et communication, SNECMA, Colas, Milipore… Les sièges sociaux ont ici un aspect radicalement différent de ceux visibles à La Défense, ici pas de tours gigantesques, davantage de constructions étalées au sol, entourées d'un parc paysager.

C'est le cas du Technocentre Renault, construit à Guyancourt en 1990. Il est l'exemple parfait d'une architecture étudiée qui met en avant un aspect visuel agréable de l'extérieur, qui s'inscrit dans un parc paysager de 100 ha, un mobilier savamment étudié (Majorelle), opposition de meubles aux formes arrondies en effet de vagues s'opposent aux meubles aux angles saillants, jusque dans l'ergonomie des sièges (Kinnarps, au tissu Dewitte). Le centre est constitué de plusieurs entités (l'Avancée, la Ruche, le Proto, la Centrale, le Diapason, le restaurant, le Techno service et le comité d'établissement) qui ont nécessité huit équipes d'architectes différentes. L'ensemble est unifié par la toiture, sheds en vagues successives, véritable élément de continuité de la composition. Le design est ici un état d'esprit. Renault avait la nécessité de se positionner sur une image de haute technologie, reflétée par le Technocentre, qui se poursuit dans l'image qu'elle renvoie de sa production : des voitures high-tech.

L'implantation du siège social dans la cité et l'image de l'entreprise

L'image de marque d'un siège social est visible sur son architecture, mais également dans l'emplacement qu'il occupe dans la ville. Le siège de la Norddeutsche Landesbank à Hanovre, par exemple, est venu s'intégrer, en plusieurs blocs désarticulés, entre la zone résidentielle au sud et la zone industrielle au nord, formant ainsi un grand nœud urbain. Cette architecture ouverte rend l'intérieur et l'extérieur coexistants, cette notion est renforcée par l'ouverture au public du rez-de-chaussée : restaurants, jardins, boutiques... Ce siège bénéficie des dernières avancées technologiques : 25 000 m^2 de façades en doubles panneaux de verre laminé qui protègent du bruit, de la chaleur, des émissions nocives des véhicules. Les espaces vides entre les panneaux servent de conduits pour l'assainissement de l'air des bureaux. L'édifice bénéficie d'un microclimat créé par des miroirs d'eau et les jardins de la cour centrale. Le verre, en plus de l'esthétique surprenante qu'il offre et la référence à la Glasarchitektur allemande, permet la légèreté, la transparence, la perméabilité et le contrôle environnemental et éco-énergétique (Behnisch & Partner). L'architecture est ouverte, l'extérieur et l'intérieur cohabitent. La nuit, le bâtiment est éclairé par des diodes qui en font un phare dans le paysage urbain. Le principe est le même pour le siège de Südwestmetall à Reutlingen en Allemagne qui côtoie des pavillons. Cette organisation professionnelle des entrepreneurs en métal et électricité

© Dunod. La photocopie non autorisée est un délit

du Land de Bade-Würtemberg se coule dans le tissu urbain correspondant à l'essentiel de ses adhérents tout en se parant de prestige. Le bâtiment tout entier reflète l'écologie : plaques d'acier ajourées et découpées au laser représentent des feuilles d'arbres, les volets pare-soleil en acier sont réglés selon la course du soleil, la façade en résille forme comme une double peau…

L'implantation des entreprises en général, et des sièges sociaux en particulier, a en tout cas un impact considérable sur l'urbanisme et l'économie locale. Leur architecture transforme la morphologie de l'espace, la dynamique des activités afférentes et influe donc à des niveaux qui dépassent bien l'enjeu d'image stricte de l'entreprise elle-même.

De l'extérieur à l'intérieur

Intégration de la notion d'aménagement interne

À partir des années 1970, s'ouvre en France (et ailleurs) un débat sur l'architecture des lieux de travail. L'orientation prise par les industriels laissait en effet peu de place à une réflexion d'architecte et privilégiait la construction de bâtiments fortement banalisés. La Direction de l'architecture constate, dans les années quatre-vingt, la difficulté pour les architectes à pénétrer les logiques des entreprises tertiaires et surtout à inventer de vrais concepts d'espaces de travail. Trois axes se développent alors : les économies d'énergie, les conditions de travail et les nouvelles technologies. Pour toutes ces raisons, non seulement l'architecture externe ne peut plus fonctionner comme un vecteur d'image pour l'entreprise mais le malaise des personnels à l'intérieur des bureaux est palpable.

Pour reprendre l'exemple de la Défense, la concentration de bureaux et des sièges sociaux y est telle qu'elle ne permet que difficilement d'imposer un style architectural, souvent dicté par les nécessités économiques. Avec le choc pétrolier, par exemple, les tours deviennent excessivement chères à entretenir. Les employés et leurs entreprises rejettent de plus en plus ces tours immenses (2e génération), en leur reprochant les grands bureaux paysagers, qui dépassent parfois 2 000 m^{2} dans la tour Fiat, le manque d'intimité, l'éclairage permanent au néon, la mauvaise insonorisation et une climatisation aléatoire. La Défense apparaît alors comme une utopie moderniste : en 1976, les bureaux font défaut à Paris alors qu'il reste 100 000 m^2 de bureaux vides à la Défense. C'est alors qu'apparaissent les tours de 3e génération, étudiées pour être économes en énergie. Ainsi le coût d'entretien de la tour Elf est inférieur de moitié à celui de la tour Fiat, à surface égale (construites par le même architecte, Roger Saubot, respectivement en 1985 et 1974). Dès lors, les architectes se soucient des revendications des employés de bureau. Les fameux bureaux paysagers sont abandonnés au profit des bureaux individuels éclairés chacun par leur propre fenêtre, dits « en premier jour ». Ce changement radical influe largement sur l'architecture qui doit inventer de nouvelles formes : bâtiments plus minces, les façades se fractionnent, s'étirent, se creusent. Des progrès significatifs ont eu lieu dans l'utilisation de la plupart des matériaux, appliquée au design structurel. Mais c'est le développement des services techniques telles que l'air conditionné ou l'acoustique, qui va radicalement changer la conception des édifices.

Designers et space planners

Dès lors, un changement significatif s'opère qui voit l'architecture investir l'intérieur des sièges sociaux pour en faire de nouvelles vitrines des entreprises. Il s'agit à la fois d'en faire des lieux de vie pour les personnels, mais aussi des outils de communication externe à l'égard des visiteurs de l'entreprise. Architectes, designers, décorateurs, space planners investissent les sièges sociaux.

Cartier illustre bien cette transformation. C'est dans la cité du Rétiro (8e arrondissement de Paris), que le grand joaillier a installé son nouveau siège social. Les façades haussmanniennes préservées cohabitent avec celles contemporaines, d'acier et de verre des passerelles reliant tous les volumes entre eux. L'aménagement intérieur, conduit par Pierre Granger est sobre, aussi, le mobilier a-t-il été choisi comme seul vecteur possible de la nouvelle image de marque du siège. Cartier s'est donc offert le luxe d'un concours pour la conception du mobilier, réunissant des duos fabricant/designer, remporté par Vitra et Arik Lévy. Le concept du poste de travail conçu par Arik Lévy est un véritable système autonome intégrant une batterie d'éléments intelligents et combinables (rangements,

© Dunod. La photocopie non autorisée est un délit

panneaux cloisons, murs techniques, éléments d'éclairage) qui échappent aux écueils du mobilier trop présent par leur caractère intemporel et relativement neutre. « En ce qui concerne les conditions de travail, l'approche au départ était essentiellement ergonomique et revendicative. Elle se recentre aujourd'hui sur une problématique “management”. L'organisation intérieure des espaces se doit de correspondre au fonctionnement et à la culture de l'entreprise. L'évolution même des modes de management prône des méthodes de gestion et de communications nouvelles. » [1]

L'image de l'entreprise passe désormais en grande partie par l'architecture intérieure, une fois passé le porche d'un immeuble plus ou moins distinct de ses voisins, qu'il se situe dans un quartier chic parisien ou au cœur de la Défense. L'exposition d'œuvres d'art dans les espaces d'accueil et de circulation est un moyen privilégié d'imposer une image prestigieuse. Certaines entreprises ont la chance de pouvoir afficher leur propre collection d'entreprise. D'autres utilisent les services de location auprès d'agences spécialisées comme Art Lease. Le regroupement des locaux d'entreprises permet de réduire les charges d'exploitation en regroupant le personnel dans un seul et même lieu, élément qui renforce aussi l'image de l'entreprise : « un lieu unique, une équipe en son sein qui œuvre pour telle ou telle optique » et de rationaliser la gestion des mètres carrés occupés. Autant d'éléments à mettre en perspective avec la nécessité d'optimiser la gestion des équipes, tout en améliorant la communication interne et la flexibilité du personnel.

Il s'agit alors de repenser les locaux d'une façon globale : commodité de travail et vitrine pour l'accueil des clients. C'est le cas de Nike à Londres. Son siège social a été pensé de façon à ce que l'identité de la marque se reflète dans les aires de circulation, alors que les espaces de travail sont neutres. Cette démarche n'est pas anodine, puisque stratégiquement c'est dans ces espaces communs où la visibilité et la fréquentation sont les plus grandes. Les zones de passages sont recouvertes de bois, celles privilégiant des pauses sont couvertes de résine industrielle réfléchissante de couleur bleue. Les architectes (Jump Studio) doivent, pour une marque aussi connotée que Nike,

1. Citation P.M., extraite de *Archinews*, dossier consacré à l'architecture des sièges sociaux, mars 2000.

se poser en « marketeurs d'espace » pour renvoyer des lieux une image globale déjà établie, avérée, codifiée : celle de la performance à travers l'innovation et le design. Le siège est composé de trois niveaux dont un réservé au showroom, le sport est évidemment présent dans le mur grillagé qui enferme des ballons et des chaussures.

***

L'architecture participe à l'image de l'entreprise en lui donnant une morphologie spatiale et urbaine dont l'impact est considérable. Au XIXe siècle les usines constituaient le symbole majeur de la réussite et de la modernité, les sièges sociaux ont ensuite pris le relais à travers la conquête en hauteur des gratte-ciel. Aujourd'hui, la différenciation se fait à travers une diversification des architectures extérieures mais surtout et de plus en plus à travers un investissement de l'aménagement intérieur. Celui-ci prend en compte une dimension artistique incontournable qu'il s'agisse d'exposition d'œuvres ou de recours aux designers et space planners. L'art est en tout cas un vecteur incontournable de l'image réelle de l'entreprise, de son incarnation dans l'espace social et dans l'environnement.

« Renault : une collection d'entreprise pionnière »

Entretien avec Ann Hindry

Conservateur de la collection Renault

L'aventure extraordinaire de la constitution de la collection Renault entre 1967 et 1985 fait rêver : les plus grands artistes contemporains acceptant de collaborer avec l'un des leaders de l'industrie française, en pleines années contestataires et libertaires, on se demande comment cela a été possible ! Avant de nous parler de l'actualité de ces chefs-d'œuvre, pouvez-vous nous rappeler les grandes heures de cette « épopée moderne » ?

La Régie Renault a initié une démarche pionnière, totalement inédite : proposer à des artistes une dotation sous la forme d'une aide technique, logistique, humaine et/ou financière pour réaliser une œuvre, dont ils gardent la propriété, au moins dans une première période. La contrepartie pour l'entreprise ? Une relation qui s'instaure, *de facto*, beaucoup plus étroite entre l'œuvre et l'industrie : remploi de pièces automobiles pour Arman, expérimentation de la mécanique d'engrenages et passion de la F1 pour Tinguely, aménagement d'espaces du siège social pour Soto, Dubuffet etc. Dès le départ,

© Dunod. La photocopie non autorisée est un délit

l'objectif a été non pas d'acheter des œuvres d'art achevées et déjà sur le marché, mais d'amorcer une politique de collaboration avec des artistes contemporains, intéressés par le monde industriel. L'idée de base, très ambitieuse, était d'œuvrer au rapprochement de deux mondes à l'époque très distincts et ignorants l'un de l'autre : celui de l'art et celui de l'industrie. Elle pouvait se révéler sensible en des temps encore très idéologiques mais elle correspondait aussi avec une tendance montante : le décloisonnement des disciplines plastiques et la volonté des artistes de « mettre en mouvement » les œuvres, sculptures ou peintures. La collection Renault a défriché la partition hermétique entre l'art et l'entreprise, mais elle a aussi essuyé les plâtres !

Pourtant aucun projet de création artistique n'a été relancé depuis 1985. La collection ne s'enrichit plus depuis vingt ans. Vous en êtes le conservateur passionné. Dans quelle mesure est-elle encore vivante aujourd'hui ?

Avec un tel patrimoine de chefs-d'œuvre, pas question de végéter ! Après une période d'hibernation de quelques années, la collection est sortie de l'ombre sous l'impulsion de Louis Schweitzer. Chargée par lui d'en prendre la responsabilité en 1996, inaugurant par là le poste de conservateur au sein de l'entreprise, je mène la collection pour ainsi dire sur deux rythmes parallèles. D'un côté, je gère la conservation à long terme d'un véritable patrimoine national que nous considérons comme tout à fait inaliénable : protection, entretien, vigilance au quotidien, suivi de l'inventaire. De l'autre, à l'instar d'un conservateur de musée, je prête aussi les œuvres, parfois sur le long terme comme le *Requiem pour une feuille morte* de Tinguely qui est exposé au Musée national d'art moderne (voir cahier central, p. vi). Je n'hésite pas non plus à faire des conférences pour transmettre cette page incroyable de l'histoire de l'art et de l'entreprise. Les œuvres de la collection sont exposées dans nos locaux, je vous laisse imaginer la difficulté du déménagement des œuvres conçues pour le site du Point du Jour sur notre nouveau siège du pont de Boulogne ! Mais par ailleurs, je prépare de grandes expositions de la collection à l'extérieur des murs avec des musées internationaux : Tokyo l'été 2003, Mexico fin 2005. L'enjeu est bien sûr de donner accès à un plus grand public à ces œuvres exceptionnelles mais aussi plus largement d'offrir un plus « corporate » de Renault. Il ne s'agit pas d'utiliser les œuvres à des fins commerciales. Je veille à ce que l'on n'instrumentalise jamais la collection comme outil publicitaire. Les œuvres qui la constituent appartiennent d'abord et avant tout à l'histoire de l'art.

Comment le personnel de Renault s'intéresse-t-il à cette collection ? A-t-il vraiment conscience de son histoire aujourd'hui ?

L'arrivée de Louis Schweitzer a marqué une étape décisive pour une réhabilitation et une visibilité plus grande de la collection, et donc, pour la mise en place d'une politique de pédagogie interne. L'exposition des œuvres dans les locaux de l'entreprise a bénéficié du changement de siège en 2000, en dépit des énormes problèmes de gros œuvre posés par le déménagement de la collection. Bien plus d'œuvres sont visibles aujourd'hui. La mise en place d'une action de pédagogie plus systématique est ainsi facilitée. J'ai par ailleurs des relations constructives avec la direction de la communication. Avec la communication interne par exemple, je propose aux collaborateurs des visites spéciales lorsque des expositions sur des artistes représentés dans la collection ont lieu à Paris, tel Soto au musée du Jeu de Paume tout récemment. En externe, je travaille ponctuellement avec la « vitrine » de l'entreprise, l'Atelier Renault, avenue des Champs Élysée.

Chapitre 10

L'ENTREPRISE, PASSERELLE ENTRE L'ART ET LA CITÉ

L'art serait-il l'avenir de l'entreprise citoyenne ?

Le nom des banquiers Médicis est indissociable de la Renaissance en Italie. Le docteur Barnes est bien connu pour son illustre musée de Philadelphie mais qui se souvient de l'antibiotique qui fit sa fortune et rendit possible sa prodigieuse collection ? Le patron du groupe PPR, François Pinault, prépare le chantier de sa fondation d'art contemporain sur l'île Seguin, à Paris et prévoit son ouverture pour 2008. Ces quelques exemples piochés dans l'histoire reflètent des situations très différentes mais une idée commune : celle de l'entreprise, passerelle entre l'art et la cité.

Voilà bien une posture dans laquelle on ne l'attendait pas.

Car enfin, on est en droit de s'interroger sur les raisons qui poussent une entreprise à investir un terrain qui n'est pas le sien et ne lui rapporte pas de profit direct. L'art serait-il une des voies d'affirmation de la citoyenneté et de l'éthique des entreprises ? L'idée peut séduire mais les obstacles et les limites d'une telle ambition ne manquent pas : miroir aux alouettes, substitut hypocrite à une véritable politique culturelle, crise économique, priorités financières, engagement factice… Alors les entreprises sont-elles vraiment toujours partie prenante de la vie artistique et si tel est bien le cas, peuvent-elles le rester ? Au-delà même de l'enjeu culturel, l'entreprise en devenant acteur de l'art n'ouvre-t-elle pas une perspective nouvelle de responsabilité citoyenne et éthique ?

La question mérite évidemment d'être posée.

Une rencontre d'intérêt

Des collectionneurs exemplaires aux entreprises mécènes

Les cas de collectionneurs-entrepreneurs sont nombreux dans l'histoire. C'est l'héritage qu'ils ont laissé dans le secteur des arts qui nous intéresse ici. L'initiative des Médicis a déclenché une émulation sans précédent avec leurs rivaux Pazzi, Strozzi : construction de palais, villas, commandes d'œuvres aux mêmes artistes les plus brillants… La ville de Florence témoigne aujourd'hui à travers l'architecture civile et religieuse mais aussi l'extraordinaire collection du musée des Offices des fruits de cette lutte impitoyable. Parmi les grandes collections qui ont donné naissance ou enrichi des musées, beaucoup sont issues de fortunes industrielle ou banquières : Cognacq-Jay, Jacquemart-André, Barnes, Guggenheim, Rockefeller, Morosov, Chtchoukine… Il est cependant assez remarquable que par le passé, les personnalités soient toujours mises en avant par rapport à leur entreprise ou leur activité. C'est à titre individuel, parfois familial, en mémoire d'un parent décédé par exemple, qu'ils s'impliquent dans la vie artistique, mais jamais au nom de leur entreprise. La nuance est d'autant plus importante que le phénomène change profondément de nature aujourd'hui.

La signature personnelle, *a fortiori* familiale, dynastique, est devenue plus suspecte. Elle conforte dangereusement le préjugé qui voudrait que l'engagement artistique ne soit que la « danseuse du président ». Relevons donc quelques exemples : la fondation Cartier, l'Espace EDF-Electra, tous deux à Paris, le musée de l'Alimentarium Nestlé à Vevey, le Kunst Palast Museum de Dusseldorf, financé par EON. Ils ne sont pas encore très nombreux, certes, mais ils sont néanmoins significatifs d'une évolution. L'implication des entreprises dans l'art se fait désormais plutôt de manière collective. Il reste que les présidents de ces grandes entreprises jouent toujours un rôle prépondérant, à la fois par leur passion et leur implication personnelles, dans les projets artistiques. La Fondation Pinault sur l'île Seguin porte bien la signature du propriétaire du groupe PPR. D'ailleurs, cette appropriation personnelle du musée ne va pas tout à fait sans irriter quand son ouverture au public, elle, ne peut que remporter l'adhésion. Une évolution se dessine qui semble faire la part plus belle à l'initiative des entreprises et légitimer leur intervention comme acteur de l'art.

Les encouragements constants portés au mécénat d'entreprise, comme la nouvelle loi votée en France le 1er août 2003, en sont un symptôme. Y aurait-il une rencontre d'intérêt pour les entreprises ?

De l'exigence éthique à l'engagement artistique

De leur côté, ces dernières sont en effet soumises à une pression nouvelle et devenue irréversible en une quinzaine d'années à peine, celle de l'exigence éthique et citoyenne. « L'âme de l'entreprise, mythe ou réalité ? », s'interrogeait le sociologue Gilles Lipovetsky dans un ouvrage consacré à la *Métamorphoses de la culture libérale : éthique, médias, entreprise*[1]. Pour Jean-Louis Brault, président du groupe GTM, la réponse ne fait aucun doute : « Les entreprises qui réussissent sont celles qui ont une âme ! ». Philanthropique, l'entreprise ? La question ne se pose pas tout à fait en ces termes. Gilles Lipovetsky recense quatre grands facteurs qui expliquent la valorisation nouvelle de l'éthique, au sein même de la stratégie des entreprises : besoin de garde-fous sécuritaires dans un contexte de mondialisation aux règles de plus en plus floues ; réaction contre l'essor des pratiques malsaines du business ; développement d'un marketing des valeurs et de la solidarité ; prise de conscience de l'importance du facteur humain dans les ressources humaines. Le pouvoir des médias place enfin les entreprises sous une surveillance constante qui ne leur permet plus d'ignorer les mouvements protestataires de consommateurs. Bref, l'entreprise de demain sera citoyenne ou ne sera pas, serait-on tenté de dire. Acteur de fait de la vie civique, l'entreprise se trouve plus que jamais responsabilisée par rapport à l'environnement dans lequel elle évolue.

Précisément, pour en revenir au propos qui est le nôtre ici, comment l'art apporte-t-il un modèle privilégié d'éthique et de citoyenneté à l'entreprise ? Une convergence d'intérêts place bien l'art au cœur de la vie d'entreprise. Il figure d'ailleurs en très bonne place parmi les choix des entreprises mécènes quoique d'autres causes se soient plus récemment développées et le concurrencent aujourd'hui comme la santé, l'humanitaire, le social, le développement durable ou encore le sport.

1. Gilles LIPOVETSKY, *Métamorphoses de la culture libérale*, Editions Liber, 2002.

© Dunod. La photocopie non autorisée est un délit

Tolérance, diversité, exigence d'absolu, atemporalité

En premier lieu, le modèle artistique propose des références communes, un patrimoine et une histoire partagés, qui permettent à la fois de se définir dans une identité propre et de prendre conscience de l'altérité. Cette double dimension autorise une culture identitaire sans fermeture sclérosée, sans passéisme, mais consciente et fière d'elle-même. Entre traditionalisme et innovation, nationalisme et mondialisation, l'individu moderne ne peut concevoir que la contradiction. Pourtant, l'admiration que suscitent les œuvres de Van Gogh ou de Monet, les sculptures antiques du Parthénon ou le temple d'Angkor est aussi intense en tout point de la planète. Elle n'a pas le même sens mais l'émotion esthétique est la même. Elle montre que le contexte de création compte moins que le résultat qui se suffit à lui-même et qui reste éloquent bien au-delà de l'artiste créateur. Elle montre surtout que la cohabitation de mondes qui ne se connaissent pas est possible. En termes d'éthique, l'art véhicule des valeurs de diversité et d'identité qui ne sont pas incompatibles entre elles et c'est bien l'une de ses spécificités uniques. Une autre valeur commune à l'art et à l'éthique est celle de l'absolu, que ce soit sous la forme d'une quête de sens, de beauté, de transcendance. On ne transige pas, en éthique, avec le respect de la vie humaine. L'œuvre d'art ne fait pas davantage de compromis avec son ambition de réaliser un rêve, de donner forme à l'imaginaire, de concrétiser un idéal. Le canon féminin et son évolution, des Vénus grecques aux Nanas de Niki de Saint Phalle, en passant par les rondeurs des nymphes de Rubens, l'illustrent bien : recherche séculaire d'absolu (qui n'empêche nullement la diversité des propositions !) Enfin, l'art dispense une atemporalité qui l'affranchit des modes, du culte de la modernité, du jeunisme, de la mort. Cette valeur qui lui est propre est particulièrement importante pour l'entreprise d'aujourd'hui dont l'avenir reste très incertain et aléatoire, et pour le citoyen qui s'inquiète de plus en plus de son avenir, de celui des générations à suivre, de celui de la planète. Les œuvres d'art vivent mais ne meurent pas, elles restent et témoignent de ce que l'humanité peut produire de meilleur. L'entreprise qui s'y associe acquiert d'emblée une éthique de durée, de crédibilité dans le temps, valeur qu'il lui est extrêmement difficile d'incarner par le seul biais de ses activités directement profitables.

L'entreprise, acteur de l'art : une réalité directe et concrète

Deux types de démarches permettent aujourd'hui à l'entreprise d'être un acteur direct du monde artistique, à la fois volontaire et conscient : le parrainage et le mécénat. Dans le premier cas, le don financier de l'entreprise est négocié en échange de contreparties matérielles, en général publicitaires et commerciales. Dans le second en revanche, l'entreprise donne purement et simplement, en argent et/ou en nature (matériel, personnel, locaux) sans aucune contrepartie. Le parrainage (dit aussi sponsoring) implique donc le plus souvent une médiatisation alors que le mécénat reste en général assez discret. « Le parrainage est un affichage et le mécénat une signature » explique Jacques Rigaud, président de l'Admical et grand défenseur du mécénat [1]. Quelle que soit la démarche choisie, l'entreprise s'investit sciemment dans le monde de l'art. La diversité des formes que revêt son action est extraordinaire, qu'il s'agisse de la création contemporaine ou du patrimoine plus ancien. « Il y a autant de mécénats que d'entreprises », constate encore Jacques Rigaud [2].

Le mécénat des entreprises et l'art contemporain : un prolongement naturel

Pour commencer, la création contemporaine s'avère très attractive pour les entreprises. Ces dernières se projettent en effet assez volontiers dans le rôle de têtes chercheuses, de pionnières, de découvreuses de talents. La métaphore avec l'innovation est à peu près toute trouvée, quoiqu'elle soit commune à tous les secteurs économiques ou presque, et donc peu différenciatrice. Pour soutenir la création artistique, certaines entreprises s'en remettent à des structures existantes en participant aux concours et en finançant des bourses. Hewlett Packard s'associe tous les ans au grand prix de l'architecture de l'Institut de France. BNP Paribas participe au financement du séjour d'un lauréat de la villa Médicis à Rome. La Caisse des Dépôts et Pioneer France se sont associées à la création du Palais de Tokyo. D'autres créent leurs propres prix et accompagnent ensuite leurs

1. Jacques RIGAUD, *Les Deniers du rêve*, Grasset, 2002.
2. Jacques RIGAUD, *op. cit.*

© Dunod. La photocopie non autorisée est un délit

lauréats. C'est le cas du CCF qui choisit chaque année un photographe pour l'exposer, et éditer sa première monographie avec la collaboration d'Actes Sud (voir entretien, p. 52). HP a créé le prix Arcimboldo pour récompenser des artistes utilisant la technologie de l'image numérique. Lexmark, de son côté, a lancé depuis deux ans un prix européen de création picturale très ouvert. Une autre démarche consiste à constituer une véritable collection d'entreprises, en particulier en faisant des commandes spécifiques à des artistes plus ou moins reconnus. Casino, précurseur depuis le début du XXe siècle, possède aujourd'hui la deuxième collection d'art moderne en France après celle du Centre Pompidou. Le groupe Colas a opté pour des commandes à des artistes contemporains sur un thème exclusif, relié à son activité : la route. Mais très remarquables sont aussi les collections d'art contemporain de la Société Générale (voir entretien, p. 184), de la Fondation Cartier, de Renault (voir entretien, p. 137), de la Caixa Bank à Barcelone, de Ferrari. Ces collections peuvent être exposées dans les locaux d'entreprises ou déposées dans les musées pour un plus large accès au public : les collections de la Banque Populaire ou de la Caisse des Dépôts entrent peu à peu dans les collections régionales. Pygmalion pour de jeunes artistes, collectionneuse d'œuvres d'art, l'entreprise propose un panel très diversifié d'actions en faveur de la création contemporaine. Ce faisant, elle complète les initiatives prises par les pouvoirs publics, plus ou moins larges selon les pays, en particulier en devenant partenaire des institutions nationales ou régionales. Le centre Pompidou, le musée d'art moderne de Saint Étienne ou le Palais de Tokyo (voir entretien, p. 158) ont tout particulièrement bénéficié de l'apport des entreprises pour enrichir leurs collections et animer leurs activités. Le secteur de l'art contemporain est d'autant plus concerné qu'il s'est sensiblement coupé du grand public, l'action des entreprises est essentielle dans son maintien et son rayonnement, sa vitalité.

Le patrimoine et les musées : un investissement croissant des entreprises

À ses côtés, le patrimoine et les œuvres d'art plus anciens sont de plus en plus présents dans les actions de mécénat des entreprises.

Leur histoire révolue les place *a priori* aux antipodes des préoccupations de l'entreprise. Pourtant plusieurs facteurs ont fait évoluer la donne depuis ces trente dernières années. La charge financière que représentent l'entretien et l'ouverture au public du patrimoine artistique, le maintien des collections sur le territoire national, est de plus en plus lourde à porter pour les institutions d'État tandis que la fréquentation des musées et des expositions est en hausse considérable. Aussi trouve-t-on comme mécènes et partenaires des musées et monuments de plus en plus d'entreprises. Les banques et groupes financiers, dont le métier est la création de valeur, l'investissement dans la durée, la protection de patrimoines financiers, s'y sont investis les premiers assez naturellement. Mais à leurs côtés se trouvent aujourd'hui des sociétés industrielles de tous secteurs : distribution, énergie, télécommunication, luxe…

Le mécénat des expositions, les acquisitions d'œuvres

Le financement des expositions présente l'avantage de retombées médiatiques rapidement et concrètement mesurables. Henri Loyrette, directeur du musée du Louvre, soulignait tout récemment qu'aucune exposition d'envergure internationale ne pourrait plus aujourd'hui avoir lieu sans le soutien financier de mécènes privés. On se souvient des récents succès de « *Matisse-Picasso* » en 2002 et « *Gauguin-Tahiti : l'atelier des Tropiques* » en 2003, au Grand Palais à Paris, rendus possibles par le groupe LVMH, l'un des plus investis en la matière depuis une quinzaine d'années. Le mécénat des entreprises participe aussi au déploiement des collections des musées par le biais d'acquisitions de nouvelles œuvres sur le marché de l'art. Cet été 2004 a vu de nouvelles œuvres entrer au Louvre grâce au mécénat de Carrefour et Axa : une collection de 130 dessins de la Renaissance italienne grâce au premier et une statue africaine Dogon d'une valeur de 4 millions d'euros grâce au second [1]. Le CCF soutient activement le département des Arts Graphiques du Louvre depuis sept ans pour l'acquisition de nouvelles œuvres, dont tout récemment un dessin maniériste français d'Ambroise Dubois. Très spectaculaire encore, Patrick Ricard, PDG du groupe Pernod-Ricard, a confirmé

1. Emmanuel de ROUX, in *Le Monde*, 12 juillet 2004,

© Dunod. La photocopie non autorisée est un délit

un don de 1 million d'euros, soit un sixième du budget recherché auprès de mécènes, au futur musée des Arts Premiers, musée du Quai Branly [1]. Le Crédit Agricole, *via* Calyon, est engagé depuis une quinzaine d'années aux côtés du musée Guimet, en écho à son fort ancrage en Asie. Ces interventions directes des entreprises dans la vie des collections publiques sont devenues essentielles à leur rayonnement et à leur diffusion.

Les chantiers de restauration et la mise en valeur du patrimoine

Quant à la mise en valeur du patrimoine, elle passe elle aussi par l'initiative croissante des entreprises. EDF s'est engagé depuis maintenant plusieurs années dans l'éclairage spectaculaire de grands monuments : le pont du Gard, les thermes de Cluny, cathédrales d'Albi, de Tours, d'Amiens, de Saint Denis, Tour Eiffel en rouge à l'occasion de l'année de la Chine… La nouvelle salle du Manège du Louvre vient d'être réaménagée grâce au mécénat de Fimalac. Aventis (ex-Rhône-Poulenc) a financé la remise en valeur de la place du Capitole à Rome, de l'escalier doré de la Cathédrale de Burgos en Espagne, la Cité impériale de Hué au Vietnam. Toujours dans le cadre de la mise en valeur des collections pour une plus grande accessibilité, le mécénat d'Accenture s'est orienté vers la conception, la refonte complète et la mise en place du nouveau site internet du Louvre. En l'occurrence, l'intervention d'Accenture s'est traduite par une analyse des publics et de l'outil internet que les personnels du musée n'avaient encore jamais envisagée et n'étaient pas capables de mener seuls. Le développement du projet a aussi introduit de nouvelles méthodologies de travail. Mais la voie actuelle la plus spectaculaire du mécénat des entreprises vers le patrimoine concerne sans aucun doute les restaurations de chefs-d'œuvre. Ces actions dont la nécessité ne rencontre pas toujours les possibilités financières des États permettent aux entreprises de se gagner une légitimité réelle, en « sauveurs » du patrimoine, au regard d'un public très large, celui de leurs actionnaires et clients mais aussi des amateurs d'art et de la communauté scientifique, traditionnellement plus

1. In *Stratégies*, 15 avril 2004.

méfiants à leur égard. La banque BNP Paribas et les *Noces de Cana* de Véronèse ou les plafonds d'Hercule et de Mercure à Versailles, Vinci et la Galerie des Glaces du même château (voir cahier central p. xiii), Gaz de France et les vitraux, Total et la galerie d'Apollon au Louvre... Chaque opération de restauration engage à la fois une technicité de haut niveau et une connaissance historique pointue qui convergent dans une véritable aventure partagée.

L'entreprise, passerelle entre l'art et la cité, voilà une réalité qui s'est imposée d'une manière tout à fait novatrice depuis une trentaine d'années. Cette place nouvelle est particulièrement frappante en France où la tradition historique faisait une place quasi nulle à l'initiative privée depuis François Ier.

L'entreprise, acteur de l'art : indirectement et au-delà d'elle-même

Mais l'engagement de l'entreprise dans la vie artistique dépasse à la fois ses ambitions conscientes et ses responsabilités premières. Non seulement ses actions, énumérées plus haut, modifient en profondeur la perception que nous avons de l'art et son évolution, mais au-delà même du mécénat, elle intervient de fait sur le champ artistique. Et elle pourrait bien trouver de nouvelles valeurs à y gagner, pour le bien de tous !

L'entreprise modifie les pratiques culturelles traditionnelles

Tout d'abord, le développement du mécénat a des répercussions notables sur les pratiques culturelles au point même de susciter des interrogations. Par exemple, l'engagement d'entreprises auprès des musées et expositions se caractérise par des manifestations d'envergure, plutôt consensuelles et grand public. Van Gogh, Picasso et les Impressionnistes ont-ils vraiment besoin d'élargir leur notoriété ? Le reproche s'exprime d'autant plus volontiers que la crainte est bien légitime de voir cette orientation s'accentuer au détriment d'une diversité, d'une audace et d'une liberté de sujets. En retour cependant, les bénéfices dégagés par ces opérations très médiatiques permettent aux conservateurs de musées de développer des recherches et des expositions plus spécialisées. On observe une

© Dunod. La photocopie non autorisée est un délit

forme d'alternance entre ces deux pôles dans les plus grands musées du monde. Le mécénat ne détourne donc pas nécessairement le musée de sa vocation propre qui consiste à mettre en valeur l'ensemble de ses collections et à en approfondir la connaissance, il est plutôt un moyen de rendre possible la poursuite de projets qui ne rencontrent que rarement un large public, donc des recettes. L'entreprise participe indirectement à la recherche en histoire, histoire de l'art, techniques de restauration en même temps qu'elle participe directement au rayonnement culturel, local ou national. Face au recul des moyens de l'État culturel, l'investissement des entreprises ne peut que prendre une place croissante dans la vie artistique, sans pour autant pouvoir prétendre s'octroyer un rôle qui n'est pas le sien. C'est bien parce qu'elle n'a aucune obligation en la matière que l'entreprise a tout intérêt à s'impliquer dans l'art. Le mécénat d'entreprises est donc en quelque sorte voué à rester marginal, selon Jacques Rigaud. L'encouragement de cette pratique ne doit pas être confondu avec un désengagement des gouvernements, les responsabilités et les moyens des uns et des autres étant strictement distincts. C'est leur complémentarité et leur équilibre qui fait la spécificité de la situation dans chaque pays, dans ce domaine particulier. Simplement, le mouvement qui tend à accroître la responsabilité civique et éthique des entreprises propose une opportunité nouvelle pour les entreprises comme pour l'art de trouver de nouvelles perspectives de coopération et de synergies. En ce sens, l'action des entreprises mécènes dépasse bien leurs réalisations concrètes et interroge indirectement la politique culturelle d'une région, d'un pays, d'un environnement. Au-delà de l'entreprise elle-même, ces pratiques mettent en cause des enjeux proprement politiques, propices au débat, à la réflexion, au dépassement des problématiques traditionnelles.

La reconnaissance de la photographie, un acquis dû au mécénat des entreprises

Par leur activité de mécénat, de parrainage mais aussi par leur intégration de la création artistique dans leur organisation interne, les entreprises modifient aussi en profondeur et durablement notre perception de l'art et de son évolution. Un exemple parmi d'autres :

le rôle des collections d'entreprises dans la reconnaissance de la photographie comme un art à part entière a été et est toujours remarquable. Les manifestations institutionnelles comme les rencontres d'Arles ou le mois de la photo, les lieux consacrés à la photographie à Paris comme la maison européenne de la photographie, le centre national de la photographie ou le tout nouveau musée du Jeu de Paume, enfin l'enrichissement des collections photographiques des musées, en tête desquels le musée d'Orsay, témoignent de la vitalité de cet art et de l'écho croissant qu'il rencontre auprès du public. Que le mécénat du CCF, de Vivendi Universal-Seagram en son temps, de la Deutsche Bank, d'Abn Amro *via* la fondation Neufflize-Vie, dans ce domaine, ait joué un rôle qui va bien au-delà des objectifs d'image et de communication d'entreprise, les faits le montrent sans conteste. Les collections de la première heure constituées par ces entreprises font aujourd'hui encore pâlir d'envie les musées. En la matière, Jean-Christophe Claude, responsable des partenariats et des éditions chez *Beaux-Arts Magazine*, souligne la grande vertu des entreprises, qui ont investi le champ de la photographie avec d'autant plus d'enthousiasme qu'elles ont longtemps été battues froid par les musées. La photographie présentait aussi l'avantage d'une accessibilité plus immédiate : « Tout le monde s'autorise à avoir des émotions, à voir de la beauté, à exprimer un avis sur la photo. C'est un art fédérateur. Il n'y a pas cette mise à distance élitiste de l'œuvre d'art », explique-t-il.[1] Dans le domaine de l'art contemporain, les collections et commandes d'entreprises sont aussi un moteur puissant de reconnaissance tant du public que des institutions (FRAC, musées) pour des artistes en devenir et des courants novateurs. L'entreprise devient ainsi acteur de l'art et de la création, de la vie artistique, dans une mesure qui dépasse ses ambitions propres. Mais au-delà même de ces résultats indirects du mécénat et du parrainage, la création artistique mise en jeu dans le design, la mode, le luxe ou la publicité, est aujourd'hui devenue un objet en soi d'admiration, d'étude, de conservation, indépendamment de sa détermination économique. Il existe des expositions, des musées, des historiens pour envisager ces différentes spécialités

1. Propos recueillis le 27 août 2004, voir aussi « Les entreprises ont eu le déclic », in *Beaux Arts Magazine*, avril 2002 et « Qu'est-ce que la photographie aujourd'hui ? » hors-série *Beaux-Arts Magazine*, septembre 2003.

© Dunod. La photocopie non autorisée est un délit

issues de l'activité économique comme des secteurs créatifs autonomes. L'entreprise initiatrice s'efface presque devant la création artistique qui en a résulté. On connaît davantage Campbell pour ce que Warhol en a fait que pour ses soupes ! Certains mouvements artistiques tels le Pop Art ou Dada, certains procédés comme le collage ou les installations vidéo, sont entrés tout naturellement dans l'histoire de l'art et l'on oublie qu'ils sont nés de l'activité des entreprises ! C'est donc par allusion parfois inconsciente et souvent difficilement prévisible que l'entreprise entre dans la vie des arts, comme un acteur de premier plan. Il n'est pas indifférent de souligner d'ailleurs le succès des manifestations relatives aux arts du design, de la publicité, de la mode, du luxe. Leur lien immédiat avec l'environnement de la société de consommation rend les produits artistiques issus de ces secteurs, pourtant d'abord économiques, plus accessibles que l'art contemporain au sens propre. Bref, l'impulsion créative et artistique de l'entreprise a des conséquences indirectes mais tout à fait objectives sur la perception de l'art par le public. La diversification des modèles artistiques proposés par l'entreprise, que ce soit à travers ses engagements de mécène, ses stratégies publicitaires ou ses lignes de design, ne cesse d'ailleurs d'interroger la hiérarchie traditionnelle des arts. A défaut d'apporter des réponses, elle a le mérite de remettre en cause un système qui ne peut survivre en vase clos. Il est heureux que l'entreprise puisse générer de telles mutations sans les calculer ni les anticiper. Elle conquiert ainsi une place d'honneur dans la société civile, comme acteur de l'art, presque malgré elle !

***

Patrick Ricard : « Ces dernières années, on a beaucoup parlé de citoyenneté. En revanche, on a moins parlé d'implication dynamique de l'entreprise dans la création de richesses intemporelles. À travers les multiples opérations qu'ils mènent au plan local ou national, le Groupe Pernod Ricard et ses filiales dépassent la seule valeur de citoyenneté pour devenir des acteurs à part entière de la vie dans ce qu'elle a de plus créatif et constructif. »

Mécène ou pas, l'entreprise agit sur la vie artistique dès lors qu'elle intègre la création dans ses activités, sa promotion, son organisation. Les conséquences de l'art dépassent les enjeux économiques et les objectifs stratégiques. Ils concernent les pratiques, la perception, l'évolution même de l'art. Acteur de l'art, l'entreprise l'est aussi sans en maîtriser toutes les déclinaisons, au-delà d'elle-même. C'est peut-être bien de cette manière qu'elle conquiert pleinement sa place citoyenne, à condition que personne, et surtout pas elle, ne se mente sur ses responsabilités premières, qui restent économiques bien sûr.

« L'obsession du moindre coût doit s'accompagner d'une plus grande recherche créative »

Entretien avec Gilles Lipovetsky

Philosophe et sociologue

Vous avez apporté une analyse surprenante sur les phénomènes de la mode, du luxe et de la publicité en particulier. Je me réfère à vos travaux L'Empire de l'éphémère[1], Le Luxe éternel[2] et à votre contribution au catalogue de l'exposition Art et Publicité[3]. Voilà trois secteurs économiques dont la créativité est souvent méprisée et dont vous soulignez sans relâche la formidable dynamique :

En effet, le paradoxe c'est qu'ils sont entrés dans la consommation de masse mais qu'en même temps leur créativité est souvent remarquable et dépasse parfois celle de l'art contemporain lui-même. Que l'on puisse le déplorer ou non, c'est un autre problème. Mais la dimension économique de ces secteurs est telle qu'ils ne peuvent se passer d'une continuelle innovation, et celle-ci passe en grande partie par la créativité artistique. Prenons l'exemple du luxe. On le croyait moribond il y a quarante ans et c'est aujourd'hui une véritable « pin up » ! Les richesses se démultiplient à échelle planétaire, les marchés en puissance que constituent les pays émergents sont considérables. Ce secteur ne peut qu'exploser dans les décennies à venir ! Il se transforme d'ailleurs considérablement depuis les années 1990. Côté offre, il est entré dans une logique marketing et financière, bien loin de ses origines familiales et artisanales. Côté demande, le diktat social est bien moins prégnant et la stricte étanchéité des classes a disparu. Le désir de luxe se démocratise et ne concerne plus aujourd'hui la seule élite sociale, restreinte et close. Or le luxe est directement concerné par « l'art » à tous les niveaux : conception du produit, savoir-faire mis

1. Gilles LIPOVETSKY, *L'Empire de l'Ephémère*, Gallimard, 1987.
2. Gilles LIPOVETSKY , *Le Luxe éternel*, Gallimard, 2003.
3. Musée national d'art moderne, Centre Pompidou, Paris, 1991.

© Dunod. La photocopie non autorisée est un délit

en œuvre dans la réalisation, qualité des matériaux, architecture des bâtiments et conception décorative des boutiques, présentation des vitrines et packaging, communication et image... Dans une époque où se développe un luxe parfois moins statutaire et plus « émotionnel », les liens industrie-art-création devraient se renforcer encore. En ce qui concerne la publicité, elle n'est certes pas de l'art pur puisqu'elle doit être efficace et traduire au plus près les demandes de l'annonceur et ce, à l'inverse de l'artiste qui est seul responsable de son œuvre. Pourtant, force est de constater que l'art contemporain s'est parfois enfermé dans un certain nombre d'impasses et de ressassements tandis que la publicité peut se montrer ingénieuse, belle, innovante maintenant qu'il existe d'autres voies que la traditionnelle copy strategy. Elle n'est pas méprisable parce qu'elle est commerciale et l'art n'est pas à encenser en tant que tel parce qu'il est gratuit. Sortons des catégories et des hiérarchies toutes faites. Regardons ce qui est réalisé, les œuvres et les produits eux-mêmes.

Vous semblez finalement, dans un monde individualisé à l'extrême et saturé par la consommation de masse, porter un regard très attentif à la créativité artistique, et positif qui plus est. L'élargiriez-vous à d'autres secteurs et quel sens lui donnez-vous ?

Les développements du design me semblent prometteurs. Ils s'intègrent dans une évolution vers des demandes d'esthétisation de la vie quotidienne à une échelle nouvelle (voyez le succès du mobilier contemporain, des magazines de décoration de la maison, etc.), inséparable de ce que j'appelle la société d'hyperconsommation. Le contexte de la production de masse a changé : l'obsession du moindre coût doit s'accompagner d'une plus grande recherche créative. L'esthétisation du quotidien m'apparaît comme une aspiration nouvelle, élargie aux masses, et non plus une demande d'élite. On ne veut plus seulement une maison propre qui nous abrite : on veut s'y sentir bien, dans un cadre personnalisé, convivial, harmonieux et que l'on aime changer fréquemment qui plus est. C'est pourquoi aujourd'hui, le design est bien plus qu'un bonus, un luxe. Il est devenu indispensable à toute production industrielle, comme outil stratégique du marketing en réponse aux nouvelles attentes qualitatives des hyperconsommateurs. La créativité du coup entre dans une nouvelle ère au sein de l'entreprise. Le design dit polysensoriel, les nouvelles formes plus organiques, rondes et maternelles qui viennent en écho aux désirs de bien-être sensitif devraient ouvrir un avenir créatif stimulant et plus divers.

Le sens de ce mouvement global se lie également dans les vogues spectaculaires du jardinage, du zen, de l'amour du patrimoine ou des paysages qui expriment le désir d'un nouvel art de vivre, une nouvelle sensibilité au beau et à l'histoire, une recherche de personnalisation, de culture et de mieux-être. Le cadre esthétique peut contribuer au mieux vivre, à être bien avec soi-même et avec les autres. L'aspiration au beau de nos jours traduit un nouvel âge du confort et du bien-être, moins fonctionnel-mécaniciste et plus qualitatif, plus singularisé, plus émotionnel, plus chargé de résonances culturelles.

Cette aspiration est confrontée à des inquiétudes croissantes, devenues paroxystiques, que vous stigmatisez dans votre dernier ouvrage Les Temps hypermodernes[1] : hyperanxiété devant l'avenir incertain, hyperindividualisme et hyperliberté devenus source d'angoisse... Pourtant, appliquée à la vie de l'entreprise qui reste un domaine anxyogène par excellence, cette aspiration vous inspire plutôt confiance, comme si elle permettait aussi l'émergence d'une véritable éthique des affaires. Comment articulez-vous cette contradiction ?

Même si l'époque que nous vivons est le théâtre de la pluralité conflictuelle des conceptions du bien, elle est marquée dans le même temps, par une réconciliation inédite avec ses fondements humanistes de base : jamais ceux-ci n'ont bénéficié d'une telle légitimité incontestée. Toutes les valeurs, tous les référentiels de sens n'ont pas volé en éclats : l'hypermodernité ce n'est pas « toujours plus de performance instrumentale, donc toujours moins de valeurs ayant force d'obligation ». Cela nous oblige en particulier à examiner différemment la problématique de l'entreprise. J'ai eu l'occasion d'en développer quelques aspects dans un essai sur la *Métamorphoses de la culture libérale*[2]. On parle beaucoup de cette nouvelle vague d'éthique de l'entreprise depuis une vingtaine d'années. Mais tout ne peut être mis sur le même plan. La mission de l'entreprise est d'abord de créer des richesses, des biens économiques, et d'assurer sa compétitivité pour ne pas menacer son existence dans le futur. Le but de l'entreprise n'est pas de réaliser le bien moral partout et toujours. Pourtant, dans le domaine des ressources humaines, l'hyperindividualisme et l'hyperanxiété appellent une réponse : l'attention plus systématique au facteur humain et à l'épanouissement des personnes, au respect des individus et à la valorisation de leur rôle dans l'entreprise, me semble incontournable dans l'intérêt même de l'entreprise. J'ajoute que l'exigence morale du respect des contrats, des engagements et de la parole donnée est fondamentale parce qu'elle traduit le principe du respect d'autrui mais aussi parce qu'elle fonde la possibilité même de la vie économique, laquelle suppose la confiance entre les acteurs. L'éthique appliquée aux affaires est peut-être une

1. Gilles LIPOVETSKY, *Les Temps hypermodernes*, Grasset, 2004.
2. Gilles LIPOVETSKY, *Métamorphoses de la culture libérale : éthique, médias, entreprise*, Editions Liber, 2002.

© Dunod. La photocopie non autorisée est un délit

éthique modeste mais une éthique modeste n'est pas une éthique faible ou nulle.

Esthétisation du quotidien, aspiration du plus grand nombre à un nouvel art de vivre, exigence d'éthique dans les entreprises, n'y a-t-il pas là matière à envisager la place de l'art dans l'entreprise sous de nouvelles formes concrètes ?

Il me semble que le mécénat artistique parrainant de grands événements dans la ville devrait donner lieu à des propositions plus diversifiées, plus nombreuses. Je constate que l'art dit d'avant-garde reste coupé du grand nombre mais pour autant, un public de plus en plus large est concerné et se montre curieux d'expressions artistiques au sens large. Voyez le succès des grandes expositions, de la Nuit Blanche, du tourisme culturel, des animations de rues. Beaucoup reste à faire et à imaginer. C'est un vecteur à développer pour les entreprises, riche en potentiel d'images.

« L'art, nouvel enjeu pour l'entreprise, au-delà du mécénat »

Entretien avec Virginie Seghers

Déléguée générale de l'Admical (1994-2002)

Du point de vue des relations entre l'art et les entreprises, quelles tendances dégagez-vous, vous qui avez consacré huit années à promouvoir le mécénat comme Déléguée générale de l'Admical ?

Trois évolutions m'ont marquée. La première tendance que je dégagerais est la professionnalisation du mécénat tant du côté des entreprises que du côté des institutions culturelles.

Autre tendance : le dialogue entre le monde de l'art et l'entreprise ne se limite pas au mécénat, qui a pu en être un catalyseur à l'origine. Toutes les entreprises sont potentiellement concernées par une dimension artistique. Celle de leurs produits (*via* le marketing), celle de leur identité institutionnelle (*via* la communication), celle de leurs salariés (*via* la gestion des ressources humaines). L'art, parce qu'il comprend une part de risque, parce qu'il est source de créativité, fait écho aux valeurs de l'entreprise. Plusieurs entreprises l'ont compris et, par exemple, invitent des créateurs en résidence, favorisent les pratiques artistiques de leurs salariés, ou travaillent directement avec des artistes dans le cadre de la production industrielle. Autant de formes d'une fertilisation croisée entre le monde de l'art et l'entreprise, dont le mécénat a favorisé la rencontre.

Enfin, troisième tendance : le développement du mécénat croisé, c'est-à-dire un mécénat à la fois social et culturel. Je m'étonne que l'on oppose parfois, et que l'on dissocie souvent, culture et solidarité, comme si ces deux dimensions de la vie et de l'action n'étaient pas intimement liées. J'ai beaucoup insisté à Admical pour qu'il n'en fût pas ainsi. De nombreuses actions de mécénat croisé ont vu le jour, en prison, dans les quartiers dits sensibles, en faveur de publics en difficulté, avec l'art pour vecteur. Car la culture crée du lien social, apprend la patience et le Beau, et permet la compréhension de l'adversité. Je citerais, à titre d'exemple, l'action de Gérard Garouste, à travers La Source, qui propose à de très nombreux enfants suivis par des éducateurs spécialisés des cycles de rencontres avec des artistes contemporains, avec le soutien d'entreprises privées et des collectivités locales. Un exemple encore : le programme « Dix mois d'école et d'Opéra » lancé à l'Opéra de Paris par Martine Kahane, qui permet à des jeunes de banlieues difficiles de découvrir la diversité des métiers impliqués dans la création lyrique et de créer eux-mêmes un Opéra, pendant toute l'année. Ce sont exclusivement des entreprises privées qui ont soutenu, à ses débuts, le financement de l'opération.

Vous êtes aujourd'hui membre du Conseil national sur le Développement durable, élaboré à la demande du premier ministre. Quel engagement poursuivez-vous dans ce cadre ?

Je suis très surprise de constater que parmi les 80 membres de ce conseil, aucun artiste ne soit présent, et très peu de membres concernés par l'action culturelle. Nous ne sommes que deux à considérer qu'il faudrait, aux côtés des pivots classiques du développement durable : l'efficacité économique, la précaution environnementale, l'équité sociale, ajouter un axe culturel. Qu'allons-nous léguer aux générations futures sinon un patrimoine, qui comprend bien entendu le patrimoine naturel, mais aussi culturel ? Quelle société peut prétendre se construire sans une liberté d'expression culturelle ? Quelle équité sociale sans un accès partagé aux œuvres de l'esprit ? Cette absence de la culture dans les débats sur le développement durable me navre, et me semble préjudiciable. On me dit parfois que la culture est une notion trop large, ou qu'elle est transversale, mais ces arguments ne me convainquent pas.

Vous participez aussi à l'élaboration d'un nouveau système de notation des entreprises, hors cotation boursière, prenant en compte la responsabilité sociétale. Comment envisagez-vous la prise en considération du mécénat artistique ?

Avec le soutien de trois entreprises, Gaz de France, BNP-Paribas et la Caisse des dépôts, j'apporte mes conseils aux deux grandes agences de notation extra-financières, Vigeo et BMJ-Coreratings, pour les aider à intégrer le mécénat à la notation sociétale. L'objectif est que la politique de mécénat soit évaluée par ces agences, qui notent les

© Dunod. La photocopie non autorisée est un délit

entreprises sur des critères de « responsabilité sociale », incluant autant la prise en compte de l'environnement que le respect des droits humains. Il m'a semblé, après l'expérience très riche d'Admical, que le mécénat était une des expressions de cette responsabilité sociétale de l'entreprise, et que pour être pleinement légitimée dans l'entreprise, il fallait être capable de l'évaluer. Une des conclusions très positives de ces travaux est que les deux agences ont, aujourd'hui, intégré le mécénat à leurs évaluations, et ce, tous domaines confondus, qu'il s'agisse de culture, de solidarité ou d'environnement.

« L'art d'aujourd'hui ne peut se faire sans l'entreprise »

Entretien avec Jérôme Sans

Directeur du Palais de Tokyo

Vous dirigez le lieu de la création contemporaine à Paris, le plus libre et le plus ouvert à la fois. Comment et à quel titre y sont présentes les entreprises ?

Le Palais de Tokyo ouvre ses portes à tous, *a fortiori* aux entreprises, naturellement. Comment ? Très simplement. Notre financement est à 50 % public et à 50 % privé, cela vous donne une idée de l'enjeu des entreprises dans nos projets. Selon moi, selon nous, l'art d'aujourd'hui ne peut se faire sans l'entreprise. Cette donnée structurelle est donc moins une contrainte qu'une évidence. La perméabilité entre le monde économique et le monde artistique reste un cas unique au palais de Tokyo, c'est vrai, mais venant moi-même du monde anglo-saxon, je suis plus que convaincu de sa pertinence. Il est grand temps que les institutions françaises en général s'y ouvrent davantage.

Cela ne doit pas aller de soi. Les cultures artistiques et économiques ne vont pas toujours dans le même sens. Comment travaillez-vous avec vos interlocuteurs privés ?

J'ai d'abord une règle : je m'impose d'être l'interlocuteur direct de mes partenaires privés. Cela fait partie de mes responsabilités que de comprendre, de m'imprégner de la problématique des entreprises qui souhaitent entrer chez nous d'une manière ou d'une autre, mécénat, partenariat, opération ponctuelle. Je participe pleinement à leur réflexion d'entreprise, à leur engagement. C'est une question de respect mutuel évidemment, de garantie de la réussite du projet aussi. Mais mon souci premier reste la création artistique et à cet égard, je sais aussi dire non lorsqu'une entreprise empiète trop sur notre terrain privilégié. C'est rare mais je ne cacherai pas que cela arrive parfois. La collaboration est le plus souvent enrichissante pour les deux parties et c'est tout l'intérêt de notre spécificité. Aucun autre lieu, aucune autre institution n'offre pareil dialogue avec les entreprises et les partenaires privés en général. Je suis fier de ce que nous sommes devenus et encore en train de devenir. Enfin un lieu d'art et de création contemporaine non sectaire et non élitiste. Il était temps !

Comment s'organise votre travail au sein de l'équipe du Palais de Tokyo, comment se répartissent les tâches, quelles sont vos responsabilités ?

Je partage personnellement mon temps entre la prospection de partenaires privés et la réception de candidats spontanés, cela fait pleinement partie de mon travail à la différence des institutions qui délèguent ces tâches à des responsables « mécénat ». Je m'occupe aussi de la programmation, souple, donc rarement anticipée à plus de six mois, un vrai challenge. Une vingtaine de collaborateurs m'entourent. Nous fonctionnons comme une PME tout simplement !

Étrange vocabulaire pour une institution culturelle ! Que pensez-vous de la transdisciplinarité croissante de la création artistique contemporaine ?

Je m'intéresse d'abord et avant tout à la création artistique. Les disciplines, les techniques m'importent peu. Je constate que la publicité est moins créative aujourd'hui qu'elle n'a pu l'être. Mais vidéaste, photographes, peintres, sculpteurs, sont des scissions bien artificielles à mes yeux.

PARTIE 4

ART ET COLLABORATEURS

Introduction

LE BESOIN GÉNÉRIQUE D'ART

« C'est une chose admirable que de regarder un objet et de le trouver beau, et d'y réfléchir, et de le retenir, et de dire ensuite : je vais me mettre à le dessiner, et de travailler alors jusqu'à ce qu'il soit reproduit. Il va de soi que ce n'est pas une raison de me sentir content de mon œuvre au point de croire que je n'aurais pas besoin de faire mieux. Mais le chemin pour le faire mieux plus tard, est aujourd'hui de le faire aussi bien que l'on peut, alors il y aura tout naturellement du progrès demain… »

Lettre à Théo, Vincent Van Gogh, avril 1882.

Tout observateur ayant la chance de se rendre aujourd'hui en Chine ne peut qu'être frappé par l'importance du nombre des revues consacrées au Design et à la Décoration intérieure qu'on trouve dans les kiosques à journaux de toutes les villes chinoises.

La femme chinoise est désormais aussi soucieuse que la femme italienne ou française de son cadre intérieur ; quant à l'automobiliste chinois, il n'a rien à envier à son homologue occidental, en matière de choix de véhicule.

Dans un pays où la croissance économique à deux chiffres témoigne de la soif d'une classe moyenne naissante – jusque-là privée de l'essentiel – d'accéder à une consommation de produits basiques, ce souci esthétique est à la fois très réconfortant mais surtout il témoigne de ce qu'on appellera « besoin générique » d'art que tout homme, finalement porte en lui, y compris lorsqu'il n'a pas encore satisfait tous ses besoins consuméristes.

Depuis l'art pariétal préhistorique, l'histoire des formes nous apprend en effet que les hommes ont toujours été habités par le souci du beau. Même si la main du peintre de la grotte Chauvet n'avait probablement pas conscience de réaliser une œuvre d'art, comment ne pas voir, dans les merveilleuses figures que ce créateur a su faire surgir à la surface du rocher, un hymne à la création artistique ? Ces représentations d'animaux et de chasseurs participaient davantage – on le sait aujourd'hui – de rituels chamaniques plutôt que de spéculations esthétiques ; elles tendent néanmoins à faire la preuve que l'être humain – parce qu'il est doté de mémoire et de sensibilité – a toujours été fasciné, à la différence de l'animal, par la représentation du réel. Or c'est bien dans cette expression-là que naît le préoccupation du beau : rendre plus « beau » ce qui nous entoure, soit par sa représentation, soit par la réalisation d'objets adéquats constitue en effet une bonne définition des premières formes d'art, celles des sociétés primitives où le souci du beau n'est pas moins présent que dans la société d'aujourd'hui.

Lorsque nous disons d'une forme qu'elle est « belle » ou d'un bâtiment, ou encore d'un paysage, qu'il est « beau », nous ne faisons que constater que nous sommes dotés d'un sens critique. Car il appartient à chacun de définir ses propres critères de la beauté (et donc de la laideur). Et Dieu sait si ces derniers ont varié, dans le temps, et s'ils varient toujours, dans l'espace. Ce qui est « beau », « important », « signifiant » ici, peut être considéré, là, comme « laid » ou « négligeable », voire « insignifiant ». Par exemple, pendant des siècles, les ruines anciennes ont été détruites par l'homme, jusqu'à ce qu'elles deviennent patrimoine, à partir du XVIIIe siècle. De même, les arts premiers n'auront été jugés dignes de faire leur entrée au Louvre qu'à la fin du deuxième millénaire ! Ici et maintenant de l'art ; là et hier, du « non-art ».

Mais peu importe le qualificatif employé. Ce qui compte, en réalité, c'est le jugement de valeur et la « prise de distance » sur laquelle il repose, par rapport à un objet ou à un environnement donné.

Et parce qu'il « donne à penser », l'art, précisément, est nécessaire à l'homme dès lors qu'il se veut un être « conscient ».

C'est d'ailleurs la raison pour laquelle il n'est jamais très difficile, à condition d'un minimum de sens pédagogique, d'intéresser à l'art des individus peu familiers à celui-ci, et quant à ceux qui jettent trop facilement la pierre aux flots de touristes venus du monde entier admirer la Joconde, ils devraient y réfléchir à deux fois avant de décréter qu'il ne s'agit là que d'un travers de plus des sociétés modernes et de leur tourisme de masse, voire d'un banal fétichisme, car de la *Dame à la Capuche* de Brassempouy sculptée 25 000 ans avant J.-C. aux *Demoiselles d'Avignon* de Picasso, en passant par *Mona Lisa*, il n'y a aucune solution de continuité : ce sont bel et bien des œuvres d'art qui, toutes d'une façon aussi convaincante les unes que les autres, témoignent du génie créateur de l'espèce humaine.

Ce génie a fait de nous, alors que nous étions parmi les plus vulnérables du monde animal, des êtres à part, dont l'intelligence alliée à l'instinct de survie nous a tout simplement permis d'être conscients de ce que nous sommes…

Ainsi, l'art est-il l'activité humaine la plus mystérieuse mais aussi la plus significative de notre façon d'être. Il se situe au cœur de l'intelligence et de la vie des hommes.

D'ailleurs, ce que nous appelons tout simplement « art de vivre » est bel et bien un art à part entière : une esthétique du comportement ; une aptitude à hiérarchiser des valeurs ; un luxe que chacun de nous, au fond de lui-même, souhaiterait s'octroyer, même s'il est loin d'en avoir les moyens.

« Du musée à l'entreprise, le besoin d'art s'exprime à tout moment »

Entretien avec Jean-Jacques Aillagon

Conseiller auprès de François Pinault pour sa future Fondation d'art contemporain, ancien ministre de la Culture et de la Communication

Vous avez été l'instigateur de la loi sur le mécénat votée le 1er août 2003. D'où vous vient cette conviction qu'il faut développer le mécénat privé en France, et en particulier à l'aide d'un outil législatif et fiscal ?

J'ai la conviction qu'il n'est pas sain que l'initiative dans le domaine culturel revienne uniquement à la puissance publique. C'est pourquoi j'ai porté ce projet qui concerne d'ailleurs le mécénat d'intérêt général dans son ensemble, et pas seulement la culture à laquelle j'étais plus sensibilisé personnellement. En dépit d'un marché de l'art moins développé en France qu'à l'étranger, la création contemporaine doit être encouragée y compris à travers le développement de collections d'entreprises. Le hiatus qui sépare l'environnement culturel du cadre

© Dunod. La photocopie non autorisée est un délit

de travail est une absurdité à mon sens. Pour les collaborateurs de l'entreprise, côtoyer des œuvres d'art dans leur siège social, dans leurs bureaux, dans leurs magasins, c'est justement un désenclavement de la culture et de la vie sociale. Le besoin d'art peut s'exprimer à tout moment y compris dans une journée de travail ! Qui plus est pour l'entreprise, cette mise en contact avec l'art contemporain est une manifestation naturelle d'une confiance dans l'avenir et dans l'innovation qu'elle peut incarner. Je serais plus prudent quant à l'expression « entreprise citoyenne ». Mais je crois tout simplement que l'entreprise étant un acteur de la collectivité, elle est de fait, pleinement solidaire de son évolution et de sa qualité de créativité. Je ne vois aucune contradiction entre cet encouragement de l'initiative privée et l'engagement de l'État : les moyens doivent pouvoir s'ajouter et non se soustraire ! À nous tous de trouver les synergies entre ces nouveaux moyens à notre disposition pour développer les initiatives culturelles. D'ailleurs, depuis une vingtaine d'années, des progrès considérables ont été faits dans les mentalités pour cesser de percevoir le mécénat comme une menace au financement public.

Aujourd'hui, vous travaillez aux côtés de François Pinault que vous conseillez dans la préparation de sa Fondation sur l'île Seguin à Boulogne. L'ouverture est prévue pour 2008. Pouvez-vous nous parler un peu de cet ambitieux projet ? Quelle est votre mission ?

Il s'agit du plus grand musée privé jamais conçu en France, comparable à notre musée national d'art moderne en volume et en envergure ! 175 m de long et 30 000 m^2 de surface utile, rien de moins. Ce projet est le résultat de la passion d'un homme, François Pinault, à la tête d'un empire industriel, le groupe PPR, pour l'art moderne et contemporain. Il assume donc tous les choix décisifs, comme par exemple celui de l'architecte Tadao Ando, après concours. Sa collection constituée depuis des années ne cesse d'évoluer et évoluera encore puisque le principe même d'un musée privé, par opposition à nos institutions publiques, est la liberté de renouvellement des œuvres. Quant à moi, j'interviens comme conseiller sur le processus statutaire de la Fondation et sur le suivi du chantier architectural de ce projet totalement inédit en France. Il s'agit de satisfaire les publics et de les ouvrir à une autre approche de l'art contemporain, qui ne prétend sûrement pas à l'exhaustivité et à l'objectivité mais assume au contraire des partis pris très personnels et subjectifs, à l'image de la passion de son fondateur. Pour autant, le processus de création de la Fondation François Pinault s'apparente par son ampleur et son professionnalisme à celui de n'importe quelle grande institution. C'est pour moi un challenge tout à fait intéressant après mon expérience institutionnelle et les responsabilités que j'ai assumées précédemment au ministère de la Culture ou au centre Pompidou justement.

« Le retard du mécénat en France est-il rattrapable ? »

Entretien avec **François Erlenbach**, chef de la Mission mécénat
et **Patrice Marie**, chef de projet
Ministère de la Culture et de la Communication

La loi du 1er août 2003, défendue par Jean-Jacques Aillagon, alors ministre de la Culture et de la Communication, a marqué une étape importante et surtout très attendue en faveur du mécénat, en particulier celui des entreprises. Déduction fiscale multipliée par deux, le modèle français reste à la traîne par rapport à ses voisins, mais les progrès sont notables. Vous êtes tous deux actifs dans le développement d'une toute nouvelle mission mécénat au ministère de la Culture et de la Communication. Quelle en est la mission concrète ?

François Erlenbach :

Les pratiques et la perception du mécénat en France sont en train et doivent encore évoluer pour mieux répondre aux besoins de notre « exception culturelle ». Or, le dispositif législatif français était effectivement peu adapté à son développement. La loi 2003 a initié un mouvement évident que la mission mécénat doit accompagner et déployer.

Dans un premier temps, il s'est surtout agi d'informer et d'ouvrir un dialogue entre institutions culturelles et entreprises, en particulier les PME-PMI. Un réseau de plus d'une centaine de correspondants du Ministère a été mis en place dans une logique de proximité locale, dans les institutions culturelles régionales, les directions régionales des affaires culturelles (DRAC), et les établissements publics. Avant la fin de l'année 2004, 90 % d'entre eux auront bénéficié de deux jours de formation et de sensibilisation à la loi, afin de s'en faire des porte-parole professionnalisés auprès des entreprises. Nous entamons la seconde phase de notre mission : le dialogue plus direct avec les entreprises, pour une meilleure connaissance réciproque de leurs problématiques de la part du monde de la culture. Renaud Donnedieu de Vabres, ministre de la Culture et de la Communication, vient de lancer l'idée de la signature d'une Charte entre le ministère de la Culture et de la Communication et les Chambres de Commerce et d'Industrie. À ce titre, elles s'engageront à soutenir les actions de mécénat et à désigner en interne un responsable du mécénat, relais local de sensibilisation approprié aux entreprises. Une réunion avec le MEDEF a eu lieu, dans ce même sens, le 19 octobre dernier.

L'Admical fait le constat d'une prise d'initiatives croissantes de la part des entreprises et de l'intégration du mécénat dans une responsabilité citoyenne, voire de développement durable. Est-ce que les institutions

© Dunod. La photocopie non autorisée est un délit

culturelles ne sont pas aujourd'hui les plus réticentes au développement du mécénat ? Ne sont-elles pas en droit de craindre qu'un désengagement financier de l'État ne motive cette volonté politique en faveur du mécénat privé ?

François Erlenbach :

Je crois qu'il y a d'abord un facteur déterminant d'incompréhension entre ces deux univers de culture professionnelle très différente : la méconnaissance de l'autre, ne serait-ce qu'en terme de vocabulaire. C'est pourquoi notre mission de médiation est essentielle et nous n'économisons pas les déplacements pour prendre la parole. Du côté des entreprises, le mécénat est devenu une composante de la stratégie et de la rentabilité, la motivation d'image est quelque peu périmée et n'est plus essentielle. Le souci de cohésion interne ainsi que l'implication sociétale s'imposent comme de nouveaux facteurs déterminants d'engagement, mais l'entreprise n'est pas pour autant philanthrope, par définition. La reprise de la croissance leur permet aujourd'hui de se projeter sur le moyen terme et de ne plus s'arcbouter sur des contraintes immédiates de survie. Elles sont donc prêtes à mettre en œuvre de nouvelles pratiques de mécénat. Mais il ne faut quand même pas oublier que nous sortons à peine de plusieurs décennies du « tout État ». S'il existe une spécificité française qui laissera toujours une place très large au financement public de la culture, il faudra du temps avant que les mentalités n'acceptent la complémentarité d'un financement privé dont les enjeux ne sont pas les mêmes.

Patrice Marie :

Du côté des institutions, les principales résistances tiennent à une culture historique propre à la France. Le mécénat n'est pas toujours perçu comme indispensable par les institutions culturelles. Elles ont souvent l'habitude de fonctionner avec les moyens de l'État, d'autant plus qu'elles ont encore parfois une appréhension négative du monde de l'entreprise. Cet *a priori* leur fait craindre un interventionnisme qui abaisse le niveau de leur travail, de leurs expositions. Mais il est très important de rappeler que le budget de la culture ne cesse d'augmenter (+ 5,9 % pour le budget 2005) et que les grands projets, tel que celui du Musée du Quai Branly, prouvent que l'engagement de l'État ne peut être remis en cause. La responsabilité de l'État reste d'assurer le fonctionnement de nos institutions culturelles et il n'est pas question de revenir sur cette « exception française ». En revanche, les besoins culturels sont accrus, l'éducation des publics porte ses fruits, et il est grand temps d'envisager un financement privé complémentaire du développement de la culture. Les institutions culturelles doivent savoir qu'elles peuvent compter sur le financement public pour leur fonctionnement, mais elles doivent aussi intégrer l'idée que leur développement dépend également de leur ouverture à l'implication des entreprises. Une requête de mécénat ne se formule pas comme une demande de subvention. C'est aussi pourquoi, notre fonction pédagogique est primordiale pour les aider à professionnaliser leur relation avec les entreprises et à envisager cette relation comme une ouverture naturelle et enrichissante sur la société civile.

Où en est aujourd'hui la mission mécénat ? Êtes-vous déjà en mesure de mesurer les retombées de vos initiatives et quelles sont vos ambitions pour l'avenir ?

François Erlenbach :

La dynamique initiée par la loi du 1er août 2003 nous amène à constater bien souvent un accroissement du montant des mécénats sur cette saison 2004. Les entreprises investies dans le mécénat ont donc largement tiré parti de l'allègement fiscal pour augmenter leurs budgets en la matière. En revanche, trop peu de nouveaux mécènes se sont encore manifestés. Le travail mené auprès des PME-PMI devrait porter ses fruits dans les années à venir. Au-delà de ces résultats quantitatifs, nous percevons un changement très progressif des mentalités. Il faut cependant être patient, une génération sera sans doute nécessaire avant que nos pratiques et notre perception à tous du mécénat n'évoluent en profondeur. En ce qui concerne la mission mécénat, nous avons pour objectif en 2005 d'ouvrir un tour d'horizon sur les modèles de nos voisins étrangers, européens et anglo-saxons en particulier. La France est indéniablement en retard, mais il importe de tenir compte de notre spécificité historique et culturelle. D'autant que les modèles observables à l'étranger ne sont pas absolus. Il semble que ces expériences soient plutôt abouties qu'en voie de développement potentiel. Il nous faudra donc probablement construire de nouvelles perspectives créatrices et inventives.

Chapitre 11

L'ART ET LA COMMUNICATION INTERNE

« L'art a cela de particulier, qu'il est à la fois supérieur et populaire : il manifeste ce qu'il y a de plus élevé, et il le manifeste à tous. »

La Philosophie de l'art, Taine.

« La vie des entreprises n'est faite que des individus et des groupes »[1], Daniel Jouve, consultant en ressources humaines. Les ressources humaines font l'objet d'une prise de conscience et d'une prise en compte nouvelles. Une enquête réalisée par le cabinet Towers Perrin auprès de 49 grands groupes français a récemment montré que « 65 % des responsables de communication interne estiment que les comités de direction reconnaissent la très forte influence de leur domaine dans le succès de l'entreprise, et 43 % anticipent un renforcement de cette tendance en 2004 »[2]. D'une manière significative d'ailleurs, la communication interne oscille dans les entreprises entre la direction de la communication et la direction des ressources humaines, à moins, cas plus rare mais néanmoins intéressant, qu'elle ne soit décidée par une direction commune. Le fait est que les personnels sont désormais envisagés comme un véritable capital de l'entreprise. A ce titre, le modèle artistique apporte un certain nombre de réponses aux questions qu'ils posent. L'art permet d'incarner par exemple d'une manière privilégiée une identité d'entreprise mais aussi son histoire et sa culture, éléments stratégiques de mobilisation des personnels et de

1. Daniel JOUVE, *La Méthode Jouve*, Bartillat, 1994.
2. In *Stratégies*, n° 1317, 11 mars 2004.

compréhension des enjeux par ces derniers. Qui plus est, le modèle artistique est probablement l'un des meilleurs moyens de valorisation à la fois collective et individuelle qui soit.

L'identité de l'entreprise

Opacité de l'identité de l'entreprise

« Changement de taille, d'objectifs, de stratégies, d'organisation, les entreprises ont été bouleversées et sont devenues incompréhensibles pour les salariés. Il devient essentiel d'en reconstruire une représentation claire et simplifiée. », explique Eric Fournier, directeur de l'agence d'études Théma[1]. Les intitulés des entreprises ne suffisent plus, loin s'en faut, à identifier leur(s) métier(s) aux yeux du consommateur potentiel : LVMH, Vinci, Aventis, Altadis, Accenture… Quel observateur innocent devinerait les métiers de ces groupes ? C'est alors aux managers qu'il revient de reformuler l'identité de leur activité et d'en garantir la pérennité, non seulement vis-à-vis de leurs clients mais aussi de leurs personnels. Impliquer leurs équipes, quand bien même elles ne seraient que temporaires ; transmettre une fierté d'appartenance à l'entreprise, tel est l'un de leurs rôles les plus difficiles à tenir aujourd'hui. A cet égard, l'ancrage temporel de leur activité dans une histoire, voire un patrimoine, est devenu un nouvel argument de management. Sans vision claire de la particularité de son entreprise, comment y trouver une place impliquante et constructive ? Autre élément important, indépendamment de l'activité même de l'entreprise, les métiers qu'elle met en jeu se sont multipliés. D'un bout à l'autre de la hiérarchie, les uns et les autres méconnaissent de plus en plus leurs métiers réciproques. L'élargissement des compétences nécessaires à la réussite d'une entreprise pose donc une autre difficulté pour dégager une identité collective, qui soit commune à tous, et des objectifs communs par conséquent.

1. In *Les Echos*, 3 juin 2004.

Identité de l'entreprise et changement permanent

Dernier point, la gestion du changement est devenue une constante, si l'on peut dire ! À telle enseigne qu'expliquer la stratégie et accompagner au changement sont les deux priorités de la communication interne que dégage l'étude du cabinet Towers Perrin citée plus haut [1]. En la matière, le vecteur artistique peut s'avérer un relais efficace si l'on en croit le cas exemplaire du groupe LVMH. Holding financière réunissant pas moins d'une cinquantaine de marques de luxe, le groupe a choisi il y a une douzaine d'années d'investir dans un mécénat artistique d'envergure, et apporté son soutien à une douzaine d'expositions internationales. Le prestige de ces manifestations a renforcé la cohésion du groupe, en parfaite réponse à l'identité « luxe » qu'il souhaitait incarner. Quant à Accenture, marque dont nous rappelions la naissance récente, c'est grâce à la communication sur son mécénat, en particulier avec le Louvre, qu'elle est parvenue à s'imposer et à générer une cohérence interne. En l'occurrence, le choix de l'excellence a prévalu : excellence du modèle muséal et artistique du Louvre, excellence des prestations du cabinet. Lors de la fusion entre BNP et Paribas, une fondation a été créée à partir de l'ancienne fondation Paribas. Elle a ainsi permis à la fois de pérenniser les programmes d'ores et déjà engagés et de rassurer sur l'identité de la nouvelle entité : il fallait en effet lui donner une âme qui soit bien le fruit de la culture des deux banques et non celui d'une culture dominante prenant le dessus sur une culture dominée. Pour chacun de ces exemples, le changement génère des inquiétudes auprès des personnels, des méfiances qui présentent une menace pour l'entreprise. L'incarnation identitaire de l'entreprise par le vecteur artistique présente alors un intérêt visuel aussi immédiat qu'évident. Mais sa pertinence, donc son efficacité en interne, dépend de plusieurs facteurs : un choix de mécénat artistique cohérent avec l'activité de l'entreprise, un engagement pérenne au-delà justement des changements qui peuvent en modifier la physionomie, l'implication des personnels et la place qui leur est ménagée dans les projets, la manière dont le choix est annoncé et mis en œuvre, en particulier l'enthousiasme ou le charisme dont fait preuve le PDG qui reste souvent le décisionnaire en la matière.

1. In *Stratégies*, n° 1317, 11 mars 2004.

© Dunod. La photocopie non autorisée est un délit

L'art, visage d'exception de l'entreprise

Nous n'avons jusqu'ici envisagé l'identité de l'entreprise que sous l'angle du mécénat. Mais le vecteur artistique peut y apporter une réponse sous bien d'autres formes, comme par exemple l'événementiel, les conférences et séminaires de formations, les animations internes. Le modèle artistique transpose aisément les différents métiers sur un plan créatif propice à motiver et à faire même, pourquoi pas, rêver. Les passerelles entre l'art et l'entreprise ne manquent pas pour mieux en incarner l'identité : « Vénus, la Vierge et Ève : trois canons féminins en question » pour une société de produits cosmétiques, « les grands temples de l'architecture » pour une entreprise de construction en bâtiment, « les athlètes antiques » pour une ligne de vêtements de sport, « l'enfance de l'art » pour un fabricants de vêtements pour enfants, « l'impressionnisme ou l'invention de la lumière en peinture » pour un industriel de l'électricité… Cyclamed, association consacrée à la redistribution et au recyclage des médicaments, a souhaité fêter ses dix ans au musée de la Médecine à Paris, pour incarner la haute valeur ajoutée du « réflexe » Cyclamed dans un contexte à la fois citoyen et prestigieux. À l'occasion de sa fusion et de son déménagement géographique en 2003, le laboratoire devenu Sanofi Synthélabo a mis en place un dispositif de communication interne fédérateur autour de valeurs culturelles et artistiques : l'humanisme, valeur phare avancée par l'entreprise réunifiée, se décline sous forme d'exposition, de conférences, de cycles de formation. Anniversaire, déménagement, fusion, restructuration, ou tout simplement manifestation annuelle, les occasions sont nombreuses de rappeler à ses personnels que les activités et les marques d'une entreprise sont aussi matière à imaginer, à rêver, à créer. Elles sont même des temps indispensables de détente et de respiration, pour réactiver la flamme du quotidien et rappeler l'identité tout simplement qui rassemble des corps de métiers, des compétences, des personnalités. Ces temps forts de la communication interne participent à forger une identité collective en même temps qu'ils ouvrent souvent un dialogue impossible dans d'autres circonstances parce qu'il s'y échange des émotions et des expériences uniques en leur genre, qui n'ont aucun autre lieu d'expression.

L'art, visage quotidien de l'entreprise

La communication interne peut enfin trouver dans l'art un appui continu, un fil rouge en quelque sorte, qui donne un sens à l'identité de l'entreprise au quotidien. En dehors en effet des occasions d'exception que nous avons pu mentionner, c'est au quotidien que l'entreprise doit prendre un visage, à travers ses activités, ses métiers, ses services, ses produits ou ses marques. L'art peut alors se décliner sous forme d'ateliers, de conférences, d'expositions, de dossiers en utilisant les supports papier ou web (intranet). Les thématiques peuvent être empruntées en lien direct avec l'entreprise comme précédemment. Il s'agit alors surtout de faire vivre l'entreprise dans un registre créatif et stimulant, en dehors de son cadre strictement productif, pour en appuyer la stratégie, l'orientation, les valeurs, l'âme, l'éthique, le sens. Proposer aux salariés des conférences sur site ou des visites hors du cadre de l'entreprise, c'est les inviter à partager des moments de détente et de découverte qui cultivent à la fois la curiosité et l'émotion. La récurrence et la pérennité quotidienne de ces respirations artistiques apportent une valeur supplémentaire de reconnaissance identitaire dans un modèle artistique, perçu non comme un supplément « paillettes », mais comme un ancrage véritable, un accompagnement tout simplement. Il va de soi que ce type d'intervention ne saurait être imposé, il nécessite d'être choisi et adopté collectivement pour rencontrer un succès convaincant. Le potentiel n'en est pas moins d'autant plus réel que l'on peut s'étonner de le voir si peu développé et sous-utilisé. Les relais qui peuvent en être pris sous forme de forums d'échanges, de recherches, d'initiatives prises par les salariés eux-mêmes sont innombrables.

En bref et pour conclure sur ce point, l'identité de l'entreprise trouve dans le modèle artistique plusieurs modes d'incarnation privilégiés : le mécénat, l'événementiel, l'accompagnement quotidien. En termes de communication interne, cet outil s'avère d'autant plus efficace qu'il s'adresse aux sens et donne ainsi une visibilité plus aisée à un visage devenu difficile à cerner, mobile à l'extrême et souvent inquiétant. Au masque, l'art substitue un portrait d'une authenticité dont les entreprises auraient tort de se priver, tout particulièrement lorsque leur identité est mise à mal par les aléas de la réalité économique.

© Dunod. La photocopie non autorisée est un délit

La culture et l'histoire d'entreprise

« Les deux choses les plus importantes n'apparaissent pas au bilan d'une société : sa réputation et ses hommes. » C'est à Henry Ford que l'on prête ces mots révélateurs de l'importance de la culture et de l'histoire de l'entreprise, particulièrement du point de vue de la communication interne, et pas seulement de celui de la communication externe auxquelles on les réduit trop rapidement. L'histoire de l'entreprise, si courte soit-elle, participe pleinement de sa culture, donc de son identité. Elle entre en jeu dès lors qu'il s'agit de créer et susciter un sentiment d'appartenance et même de fierté, *a fortiori* lorsque l'on s'adresse à des personnels nouveaux. Or le fait est d'importance si l'on considère à l'instar du théoricien britannique du management, Charles Handy, que « l'entreprise ne peut exiger la loyauté de ses salariés ; elle doit la mériter » [1].

Le culte de l'histoire d'entreprise

Beaucoup des grandes entreprises peuvent se prévaloir aujourd'hui d'une histoire longue et ne manquent pas de le faire à travers moult livres et publications. Les éditions Textuel, spécialisées sur cette niche, en sont l'illustration exemplaire. Mais l'art, qui est un modèle culturel plus efficace que d'autre, par son caractère plastique et vivant, procure là encore un vecteur privilégié. Il s'impose d'ailleurs de lui-même pour beaucoup d'entreprises qui ont impliqué dans leur histoire des artistes à un niveau ou à un autre. Prenons l'exemple de Lefèvre Utile : les tours construites dans le style Art Nouveau à Nantes viennent d'être ouvertes au public comme monuments du patrimoine ; toutes les publicités anciennes sont signées des plus grands noms à commencer par celui de Mucha ; la publicité plus récente fait toujours volontiers référence à l'art comme la campagne « en hommage à Van Gogh » pour l'illustre Petit Beurre ; les boîtes de biscuits et les produits dérivés utilisent eux aussi des références artistiques et historiques de la maison LU. Parfois accessible au public, l'histoire de l'entreprise et de la marque a surtout valeur fédératrice en interne car c'est elle qui fonde la légitimité de la société et sa culture propre.

---

1. Charles HANDY, *The Gods of management*, Arrow Eds, 1996.

L'art au secours de l'histoire de l'entreprise

Face au changement et à l'incertitude de l'avenir, l'entretien de la culture d'entreprise s'avère une nécessité. Elle ne correspond pas à un repli mais bien à un besoin d'ancrage, de continuité au-delà des aléas implacables de la réalité économique. Elle rétablit en effet une cohérence contestée par cette dernière. Par conséquent, l'utilisation de l'argument historique pour illustrer et véhiculer cette histoire d'entreprise devient un nouvel outil de mise en miroir et de réflexion. Par exemple, à l'heure de l'internet et de la mondialisation instantanée des communications, un groupe de presse peut rassurer ses équipes en les réunissant autour des premiers outils de télécommunications au musée des Arts et Métiers ou en les invitant à un décryptage des premiers hiéroglyphes au Louvre dans les pas de Champollion ! Les racines de l'architecture et de l'aménagement urbain ne sont pas à chercher très loin, dans quelque grande capitale mondiale que ce soit, pour les personnels d'un industriel de la construction routière. L'histoire prend sens à travers les objets et œuvres d'art lorsqu'elle illustre ainsi des métiers parce qu'elle en rappelle les origines, les évolutions, la diversité, les multiples modèles, les contradictions aussi. Elle ancre le présent dans une continuité, une légitimité durable, en dépit des difficultés que peut rencontrer l'entreprise elle-même et conforte sa créativité, son innovation, ses succès. Le point de vue artistique apporte à l'histoire d'entreprise une vitalité et une sensualité plus éloquentes que les mots. Il lui donne là aussi un visage animé, celui auquel peuvent s'identifier des personnels.

Le mécénat artistique, une autre culture d'entreprise

Sous la forme du mécénat, l'art entre aussi dans la culture de l'entreprise et devient un élément de reconnaissance et d'appartenance. Beaucoup des entreprises engagées dans l'art contemporain par exemple exposent leurs propres collections dans leurs locaux. À la Société Générale, l'on est habitué à circuler à la Défense dans des bureaux et des couloirs devenus lieux d'exposition. La collection d'art contemporain a été constituée par la banque en fonction de son site, les Tours Valmy, de leur espace et de leur luminosité. Ce sont les personnels qui en sont les premiers bénéficiaires. Compte

© Dunod. La photocopie non autorisée est un délit

tenu de la très haute qualité des œuvres réunies, offrant un panorama de la peinture des années 1950 aux années 1990, la Société Générale a également mis en place des cycles de conférences d'initiation à l'art contemporain pour ses employés (voir entretien, p. 184). À la Caisse des Dépôts, c'est la photographie qui est à l'honneur depuis 1990. La collection s'affiche dans les locaux au fur et à mesure des acquisitions et a sensibilisé les personnels à un art à la fois accessible et moderne. Dans ce domaine encore, le CCF utilise ses locaux des Champs Élysées à la fois comme une vitrine et un réceptacle pour sa propre collection photographique, l'une des plus importantes constituées par une entreprise au monde, comme dernièrement à l'occasion des spectaculaires voiles de Catherine Gfeller. L'empreinte d'un mécénat durable a, pour chacun de ces exemples, installé dans le temps un véritable attachement et intérêt des personnels aux collections artistiques.

Mais il arrive aussi que l'engagement soit moins durable et le mécénat plus ponctuel, suivant les opportunités ou les impulsions personnelles. Même alors, « l'opération de mécénat artistique, lorsqu'elle est bien menée, entre de plain pied dans la culture de l'entreprise », souligne Jean-Christophe Claude, responsable mécénat de Paris Musées de 1998 à 2000, et il faut en accepter alors le caractère spontané. « Le coup de cœur fait partie de la beauté de l'aventure », ajoute-t-il. L'important dans le cas de ces investissements de mécènes occasionnels est l'utilisation et la déclinaison qui en est faite en termes de communication interne, pour que les valeurs de prestige, de beauté, d'humanisme, illustrées par l'opération artistique, puissent venir enrichir la culture de l'entreprise. À l'occasion des célébrations de Lille 2004, la Banque Populaire du Nord s'est investie massivement sur plusieurs fronts pour « répondre à sa vocation de partenaire régional » : l'exposition Rubens, l'exposition Vasarely au Palais Rihour, un affichage sur son site de Marcq-en-Bareul d'un détail d'une œuvre de Rubens, *L'Ixion*, sur une surface spectaculaire de 550 m^2, l'organisation d'un jeu-concours interne sur le peintre d'Anvers et la distribution de 5 000 places pour l'exposition Rubens *via* ses agences ! La cohérence avec laquelle la banque a déployé ces différentes opérations lui donne aussi les moyens d'associer durablement son nom à la vie artistique locale, à travers un coup d'éclat opportunément saisi.

À la diversité des entreprises répond toujours la richesse du répertoire artistique, surtout lorsque l'imagination vient à propos la décliner. À travers l'identité, la culture et l'histoire de l'entreprise, l'art met bien en lumière des valeurs impalpables et devenues plus précieuses que jamais en communication interne.

La valorisation collective

Fédérer, motiver, faire adhérer à un projet commun, tels sont les maîtres mots de la communication interne. L'art en est à la fois un vecteur et un moteur puissant qui peut prendre des formes variées.

L'art, facteur de transversalité dans l'entreprise

Pour commencer, les manifestations que nous avons évoquées précédemment présentent la vertu de rassembler les personnels, d'offrir des lieux et des temps fédérateurs. Leur utilisation comme lieu d'expression et d'information est donc essentielle. Concrètement, les événements internes sont souvent des occasions de transmettre et surtout d'expliquer la stratégie de l'entreprise, ses objectifs. Le discrédit, la rétention d'information, la suspicion et la contestation nuiront d'autant plus à la réussite de l'entreprise qu'elle n'aura pas trouvé les bons vecteurs pour donner ces informations capitales, et même prioritaires si l'on en croit l'étude du cabinet Towers Perrin [1]. Le cadre d'une manifestation à caractère artistique s'avère alors efficace parce qu'il permet d'instaurer un climat de convivialité et de plaisir, un environnement nouveau lié à l'entreprise sans être directement studieux, une ouverture d'esprit nécessaire à la réception des messages. Un événement dans un musée ou dans une exposition, quel qu'en soit le prétexte, procure d'abord un moment de détente et d'échange qui sort du cadre du bureau. Face aux œuvres d'art, les hiérarchies professionnelles et la discipline formelle des fonctions font place plus volontiers à des dialogues transversaux. Cette transversalité des échanges est d'ailleurs de plus en plus recherchée dans le management car elle est la clef d'une plus grande liberté créative,

1. In *Stratégies*, n° 1317, 11 mars 2004.

© Dunod. La photocopie non autorisée est un délit

d'une construction d'équipes soudées autour d'un projet et non par des fonctions hiérarchiques.

Art et communication interne descendante

L'une des entrées de l'art dans l'entreprise est la voie du mécénat et celui-ci est une décision tout à fait volontaire et facultative, rappelons-le. L'histoire a fait de l'initiative individuelle des mécènes d'autrefois un engagement aujourd'hui collectif dans le cadre de l'entreprise. C'est pourquoi, l'impulsion du mécénat est encore très souvent associée à l'initiative et à la personnalité des dirigeants d'entreprise. À cet égard, la descente de l'information depuis la direction générale prend un sens tout à fait essentiel dans le cadre de la communication interne. En effet, voilà une occasion de transmettre un message hiérarchique et stratégique, mais aussi de donner une autre idée de cette hiérarchie et de ses responsabilités, de montrer qu'elle peut aussi investir un terrain inattendu et enrichissant. La manière dont le mécénat est décliné en interne prend donc une dimension tout à fait intéressante. À cet égard, l'implication personnelle du dirigeant doit asseoir solidement son engagement en le rendant compréhensible et accessible. Concrètement, cela se traduit souvent par des invitations mises à la disposition des salariés. Parmi les contreparties du mécénat, l'accès libre à un musée ou à une exposition temporaire est en effet extrêmement apprécié. Chez Axa, le mécénat fait une percée encore toute récente. Mais l'acquisition pour le Louvre d'un dessin de Rosso Fiorentino en 2003 a en particulier permis de proposer des invitations au personnel. « Elles se sont littéralement arrachées », comme le raconte Stanislas Conseiller, responsable du mécénat d'Axa (voir entretien, p. 100). « Ce succès, conforté par celui de nos opérations de prestige en direction de nos clients, a conforté notre implication et nous réfléchissons en ce moment à son amplification. » Dans le cas du mécénat vers l'art contemporain, les rencontres avec les artistes sont très prisées. Elles peuvent prendre différentes formes dont par exemple la résidence d'artiste. Il s'agit de mise à disposition de locaux de l'entreprise pour des ateliers de création, et non seulement pour l'exposition des œuvres. Cohabiter au travail avec les artistes apparaît en effet comme une posture dynamisante et motivante. Vacances Bleues,

PME qui a reçu le prix Télérama-Admical en 2003 pour son mécénat, organise pour ses employés des visites d'ateliers et des rencontres avec les artistes soutenus. Autre application possible proposée par Hewlett Packard en particulier : la formation à l'art contemporain pour valoriser l'enrichissement constant d'une collection d'entreprise et l'investissement d'un mécénat par ailleurs très orienté vers les technologies développées par le constructeur informatique (Prix Arcimboldo) (voir cahier central p. xiv). L'interaction entre artistes et personnels peut aussi se faire à l'occasion de poses comme dans un atelier de photographe ou de peintre, ou de création collective. Bref, les supports traditionnels de la communication interne peuvent être relayés par de multiples autres formes de rencontres et d'échanges, à l'initiative de la direction.

Art et implication des personnels

Parallèlement, l'initiative des personnels peut être sollicitée pour amplifier l'impact d'une démarche artistique au sein de l'entreprise. La valorisation collective n'en sortira que renforcée, ces démarches mettant en valeur les liens d'interdépendance de services pas toujours habitués à travailler ensemble, ainsi qu'une responsabilisation collective et court-circuitant les frontières quotidiennes. Il existe là aussi plusieurs manières d'impliquer les salariés dans les projets dès leur sélection. Les propositions de projets, d'artistes ou d'expositions peuvent parfaitement émaner aussi du personnel et faire ensuite l'objet d'un choix sélectif. Leur mise en œuvre et leur accompagnement par les employés est encore un autre niveau d'implication possible. À titre d'exemple, la Fondation Colas vient de rendre publique sa sélection des quinze artistes retenus, comme chaque année, pour réaliser chacun une œuvre sur le thème de la route. Celle-ci a été faite par un jury constitué des salariés de l'entreprise spécialisée dans la construction et l'infrastructure routière, aux côtés de personnalités du monde de l'art. La Caisse des dépôts, la Banque Populaire ou le Crédit agricole laissent tous une large part d'initiative à leurs délégations en régions ou à leurs agences locales, ce qui est aussi une façon très efficace de faire participer activement les personnels au mécénat. Des partenariats locaux se nouent alors entre non pas le groupe entier mais les agences et les institutions

© Dunod. La photocopie non autorisée est un délit

culturelles. Le musée d'art moderne de Saint Étienne bénéficie des actions de la CDC et de Casino.

Le développement du mécénat d'initiatives est relevé par l'Admical comme une tendance importante de ces dernières années, se traduisant en particulier par une implication croissante des personnels. Si les exemples de bénévolat ou de propositions émanant des salariés abondent déjà dans le domaine social ou humanitaire, ils sont encore rares dans le secteur artistique. Ce dernier offre pourtant un autre type de valorisation collective extrêmement prometteuse et complémentaire, dont la spécificité est la confrontation à la créativité, à la diversité, à l'émotion et au plaisir. L'intérêt de l'implication des employés est bien sûr d'optimiser la dépense du mécénat au bénéfice du climat interne et non seulement de l'image. Il s'agit de fédérer les énergies spontanées et les compétences vers un intérêt commun bien compris, et non plus subi donc sujet à caution. La gageure est de taille et l'on comprend qu'elle soit aujourd'hui le lieu d'expérimentations, tel un laboratoire de communication interne pour l'entreprise ! Le vecteur artistique y est parfaitement approprié par la forme et le fond cohérents qu'il offre à voir et à comprendre. C'est donc bien au-delà du mécénat qu'il mériterait d'être intégré à la communication interne.

La valorisation collective répond au besoin d'optimiser les efforts et les compétences réunis dans les personnels d'une entreprise. Le développement du mécénat de compétences et d'initiatives traduit très bien la manière dont l'art peut y apporter des solutions. Au-delà même du mécénat, qu'il s'agisse de communication interne dite descendante ou ascendante comme nous l'avons vu, de nombreuses formes d'implication des personnels sont possibles qui sont autant de vecteurs de transmission des messages à cultiver ou à inventer. Ils ne font que se développer d'ailleurs.

L'aménagement des espaces de travail

Le souvenir du paternalisme des patrons du XIXe siècle a laissé le souvenir d'une intervention démesurée sur la vie privée de leurs employés. Il est vrai que la création d'écoles, l'allocation de lopins de terre ou les lotissements ouvriers financés par les entreprises comme Schneider, Menier, ou Lefèvre Utile avaient une arrière-pensée plus ou moins explicite de contrôle sur les salariés, et devenaient ainsi une forme de pression supplémentaire au travail. Si l'heure n'est donc plus à l'interventionnisme à outrance, il est apparu évident de réintégrer dans la communication interne le bien-être des salariés, en particulier dans le contexte durci de la rigueur économique.

Bien-être ou mieux-être, cela passe par exemple par un cadre de travail agréable et à cet égard le champ artistique offre bien des exemples concrets d'amélioration considérable. La Caixa, caisse d'épargne espagnole dont on connaît l'investissement dans l'art contemporain ne serait-ce qu'à travers le symbole de son logo emprunté à Miro, vit cet engagement au quotidien dans ses agences, et pas seulement à son siège de Barcelone. Reproductions d'œuvres de la collection d'entreprise, expositions d'artistes clients de la banque, affiches et dépliants animés avec la collaboration de l'artiste Ben animent le cadre de travail des employés de la Caixa, quelle que soit leur affectation. Au Technocentre Renault, le bien-être des salariés passe par les espaces verts, la vie associative, le restaurant d'entreprise, qui n'ont pas été négligés dans la conception des locaux. Le Proto de Jean-Paul Hamonic est la vitrine de Renault, il a été conçu pour réduire les coûts de production, permettre une meilleure maîtrise du temps de développement des nouvelles voitures, les aires de production sont humanisées.

« La performance de l'espace, la qualité architecturale, l'optimisation des aménagements doivent recouvrir des concepts que l'entreprise maîtrise parfaitement et qu'elle puisse optimiser. Une véritable science de l'aménagement des lieux de travail doit voir le jour. Elle doit donner une réalité professionnelle aux échanges entre les entreprises et leurs prestataires de services responsables des aménagements à travers l'expression des besoins, la conception, la réalisation et la gestion des aménagements. »[1] Depuis une dizaine d'années, la communication interne est l'objet de toutes les attentions. Pour la rendre optimale, les entrepreneurs font appel aux space-planners, agences spécialisées dans l'aménagement des espaces intérieurs des entreprises. Ces derniers ont su, après le krach immobilier de 1992-1997, adapter le poste de travail et son environnement immédiat à

1. Citation P.M. extraite de *Archinews*, dossier consacré à l'architecture des sièges sociaux, mars 2000.

© Dunod. La photocopie non autorisée est un délit

l'évolution du management, comme aux nécessaires restrictions des frais généraux. Dans une interview, J.-J. Ory[1] parle en ces termes : «... le concept de souplesse et de flexibilité apparu voici déjà quelques années commence à devenir une réalité, notamment en raison de la volonté de certains investisseurs qui s'attachent à offrir le plus possible de plateaux sans poteaux intermédiaires, de meilleures circulations verticales, ou encore de meilleures connections techniques des plans de travail grâce au principe de faux planchers. »

***

Dans la communication interne, le vecteur artistique est un outil encore largement sous-employé. Il répond pourtant à nombre de problématiques propres à la gestion des ressources humaines : identité, culture et histoire de l'entreprise, valorisation collective ou individuelle. Les déclinaisons concrètes existent aujourd'hui encore essentiellement en écho à des initiatives de mécénat. Mais il reste bien des applications à imaginer et à développer pour mieux accompagner les personnels en entreprises. L'accueil de nouveaux recrutés, les séminaires de formations, les changements de fonctions, les évolutions de l'entreprise elle-même ou encore le travail en équipe au quotidien sont autant d'occasions où le facteur humain est mis au premier plan dans la vie de l'entreprise. À travers les événements, l'architecture, l'initiation intellectuelle et émotionnelle, les rencontres, de multiples nouveaux supports de communication interne sont mis à la disposition des entreprises par l'art, que l'on s'attache à une communication ascendante, descendante ou encore transversale.

« Une collection d'abord conçue comme un projet de RH »

Entretien avec Hugues Le Bret

Directeur de la communication, Société Générale

et Angélique Aubert

Responsable art moderne et contemporain

La Société Générale a constitué en quelques années une collection d'art contemporain hors du commun et pourtant assez méconnue. Elle s'ouvre enfin au public : une exposition virtuelle sur votre site

1. In *Revue Architecture intérieure créée*, septembre 2003.

internet, un livre-catalogue, une exposition au musée des Beaux-Arts de Bordeaux cette année, un partenariat avec le salon Art Paris dès cet automne. Comment a-t-elle pu rester confidentielle jusqu'ici ?

Cette collection est loin d'être vraiment confidentielle puisque nos quelques 12 000 collaborateurs présents sur nos sites de La Défense la fréquentent lorsqu'ils passent dans les deux Tours Valmy, ainsi que nos visiteurs et clients. Ceci dit, cette collection a d'abord été conçue comme un projet lié à la qualité de vie au bureau, au moment de notre déménagement du boulevard Haussmann à la Défense, avant d'être un vecteur d'image. À l'époque, en 1995, le très bel immeuble Art Nouveau construit par l'architecte Jacques Hermant en 1912 ne pouvait plus accueillir correctement notre siège, compte tenu de la croissance rapide de l'entreprise depuis sa privatisation en 1987. Il n'était pas facile de quitter un site historique en plein cœur de Paris pour une tour à la Défense ! Un concours d'architecture a donc été lancé pour la construction des Tours Valmy dont Andrault et Parat sont sortis vainqueurs. Et une politique de mécénat s'est mise en place pour compléter cette démarche ambitieuse. Près de 150 peintures et sculptures et 650 lithographies ont été acquises, certaines sur commande, pour habiter les lieux. Elles ont été choisies en fonction de l'architecture transparente et moderne des Tours Valmy et selon un axe clair : l'art abstrait contemporain, des années 1960 aux années 1990 et la sculpture. La cohérence était ainsi assurée avec les lieux mais aussi avec la symbolique de l'innovation à laquelle la banque voulait s'associer. Ces œuvres sont exposées dans nos locaux, à chaque étage, dans toutes les salles de réunion et lieux de passage. Incontournables, elles surprennent les visiteurs et interrogent les collaborateurs au quotidien !

Justement, ce parti pris vers l'art contemporain associé à l'innovation est un peu un poncif, il n'en est pas pour autant facile d'accès. Comment est-il perçu par votre personnel ?

Il était logique de décliner cette politique de mécénat en communication interne et nous développons de plus en plus d'actions pour répondre à la curiosité de nos collaborateurs et satisfaire leur appétit esthétique. Des conférences ont lieu une fois par mois à l'heure du déjeuner sur l'art du XXe siècle, les grands courants artistiques, les grandes figures. Ouvertes à tous, elles sont destinées à valoriser la collection mais aussi à réveiller la curiosité au quotidien. L'auditorium qui les accueille est toujours plein, sans quoi nous ne poursuivrions pas cette démarche d'ailleurs ! Mais nous souhaitons aller au-delà de cette approche et avons mis en place un partenariat. Cette ouverture doit être un enrichissement pour tous et un regard nouveau porté sur la collection.

© Dunod. La photocopie non autorisée est un délit

Cette collection comporte des œuvres majeures d'artistes internationaux comme Sonia Delaunay, Olivier Debré, Pierre Soulages, Sol LeWitt, Zao Wou Ki, Alechinsky, Claude Viallat, Toshikatsu Endo, etc. Une unité se dessine autour de l'abstraction contemporaine. Comment se fait le choix des œuvres ? Qui tranche et selon quels critères ?

Au départ, nous avions demandé à une agence conseil de nous conseiller et de nous accompagner dans le choix et l'acquisition finale des œuvres. La sélection appartient aujourd'hui à un comité d'experts indépendants où figurent notamment Connaissance des Arts et Artcurial. Un vote est ensuite organisé en interne qui fonctionne par élimination, avec un système de boules noires que chacun dispose sur les œuvres qu'il écarte en priorité.

Quelles sont les perspectives de votre actualité mécénat dans le secteur artistique ? La loi 2003 votée en août dernier aura-t-elle un impact sur vos prochaines actions ?

En ce qui concerne le domaine des arts plastiques, l'année 2004 consacre d'abord une relance des acquisitions avec celle de trois nouvelles œuvres importantes : une sculpture en plexiglas de Bustamante, une photographie de Thomas Ruff et une toile de Bernard Frize. Nous avons d'autre part lancé une ouverture nouvelle des collections à un public élargi à travers notre partenariat avec Art Paris et l'exposition de Bordeaux dont nous sommes très fiers. Nous tenons beaucoup à notre liberté dans le choix et le renouvellement de notre collection, aussi l'utilisation de la loi ne nous concerne pas directement en matière d'acquisitions. Dernier projet en cours, qui aura un retentissement indirect sur le mécénat artistique : l'architecte Christian de Portzamparc vient d'être retenu pour concevoir notre troisième tour à la Défense, en 2006.

Chapitre 12

L'ART, OUTIL DE MANAGEMENT

« De la patience ! Ne comptez pas sur l'inspiration. Elle n'existe pas. Les seules qualités de l'artiste sont : sagesse, attention, sincérité, volonté. Accomplissez votre besogne comme d'honnêtes ouvriers. (...)

Accueillez les critiques justes. Vous les reconnaîtrez facilement. Ce sont celles qui vous confirmeront dans un doute dont vous êtes assiégé. Ne vous laissez pas entamer par celles que votre conscience n'admet pas. (...)

Aimez passionnément votre mission. Il n'en est pas de plus belle. L'artiste donne un grand exemple. Il adore son métier : sa plus précieuse récompense est la joie de bien faire. (...) Le monde ne sera heureux que quand tous les hommes auront des âmes d'artistes, c'est-à-dire quand tous prendront plaisir à leur tâche. »

L'Art, Testament, Auguste Rodin.

Les formations au management se multiplient dans les écoles de commerce, de gestion, les MBA ou à l'intérieur même des entreprises, tandis que certains continuent à considérer que cette fonction ne s'acquiert que dans la pratique et sur le terrain.

Une chose est sûre, l'immense majorité des problèmes rencontrés par les entreprises relève précisément de difficultés de management.

Le management consiste à mettre en adéquation les forces vives de l'entreprise avec sa stratégie et ses marchés, dans un monde de plus en plus complexe et mouvant, où les positions acquises sont de plus en plus incertaines et fragiles.

Et l'art, à cet égard, constitue désormais un formidable support de formation au management.

D'une part, il permet aux individus d'acquérir une maîtrise de leur propre développement personnel, qui commence par la connaissance tant de leurs atouts que de leurs limites professionnelles. Comme on l'a vu, l'exemplarité de la démarche des grands créateurs est un intéressant modèle.

Mais plus précisément, s'agissant de la formation des collaborateurs de l'entreprise, l'œuvre d'art, à condition qu'elle soit utilisée à bon escient, constitue un formidable atout pour animer et motiver des équipes.

L'appréhension de données hétérogènes, à la fois objectives et subjectives, de court, moyen et long terme, de même que la bonne façon de faire partager un projet par les autres, faisant partie intégrante de la fonction de managériale, l'appel à l'œuvre d'art, à son décryptage, à son interprétation, à son simple commentaire (« Vendez-moi ce tableau ! ») constitue un matériau particulièrement riche de sens.

Quelques exemples de problématiques rencontrées permettront d'appréhender plus simplement cette méthodologie.

Conjuguer rigueur et créativité

L'exigence d'innovation, de créativité, mais aussi de rigueur, à laquelle tout manager est nécessairement confronté trouve un modèle unique dans l'œuvre d'art.

Quelles que soient les contraintes dont cette dernière est issue, elle ne perdure que par son inventivité à briser les codes formels antérieurs. Quelques exemples pour mémoire : la représentation de la Vierge comme une femme incarnée et non plus comme une icône incorporelle à partir de Giotto autour de 1300 ; le portrait d'une simple bourgeoise en Madone atemporelle avec *La Joconde* par Léonard de Vinci en 1513 ; la fracture de l'idéal féminin avec *Les Demoiselles d'Avignon* par Picasso en 1907 ; la première toile abstraite monochrome avec Yves Klein vers 1960 ; les objets inanimés et d'une affligeante banalité érigés au rang de reliques par Joseph Beuys…

Mais l'innovation artistique dépasse très largement les formes, le choc visuel d'images inhabituelles ou nouvelles. Elle concerne d'abord l'audace d'un autre regard porté sur le monde. Elle conduit surtout le spectateur à regarder autrement ce qui lui semblait jusqu'alors familier. Un exemple encore : les brumes du *Fog* sur la Tamise londonienne, un cliché que les touristes connaissent avant même de poser les pieds sur les rives de la capitale anglaise. L'exposition de l'automne 2004 au Grand Palais juxtaposait pourtant trois regards totalement différents sur un même phénomène commun : Turner, Whistler, Monet. Parce que chacun de ces trois artistes a osé un regard créatif personnel sur ce paysage, leurs visions respectives se sont immiscées dans notre mémoire collective et ont modifié notre propre perception de l'atmosphère de Londres. Ils l'ont enrichie d'une dimension plus ample et plus libre.

Un même moteur : l'innovation

Le dernier essai de Christine Cayol, directrice et fondatrice de l'agence Synthésis, est à cet égard éloquent, *Voir est un art*[1] : dix chefs-d'œuvres de Van Eyck à Antoni Tapiès, décortiqués pour montrer ce que l'art enseigne sur l'innovation au fil des siècles. Un exemple parmi d'autres, choisi par l'auteur, la *Gare Saint-Lazare* de Claude Monet : un lieu inédit, une gare moderne ; une méthode sans précédent, la peinture sur le motif et non plus en atelier ; un résultat resté inégalé, un instantané de la vie moderne dans toute son intensité, dans sa vibration la plus vivante. L'innovation fait scandale à l'époque : l'Impressionnisme est né. « Quelque chose s'invente certes dans la peinture, mais qui dépasse en même temps son champ et relève d'un certain rapport au monde, à l'autre, à la vie. » Il n'est pourtant nul besoin de révolutionner son époque et de choquer ses contemporains pour déplacer le regard et innover. L'analyse par exemple que propose Christine Cayol de chefs-d'œuvre tels que *La Vierge au Chancelier Rolin* de Van Eyck (1425) ou du *Bain Turc* d'Ingres (1863) propose une appropriation totalement nouvelle de ces œuvres, en partant de l'expérience innovante d'où elles sont nées.

1. Christine CAYOL, *Voir est un art*, Editions Village Mondial/Pearson Education, 2004.

© Dunod. La photocopie non autorisée est un délit

Nous avons ouvert cet ouvrage sur l'analogie entre l'artiste et le manager. En termes concrets, une réflexion et une méthodologie éprouvées par Artissimo & co nous permettent aujourd'hui de développer des outils pour servir le management à l'appui des œuvres d'art. L'œuvre d'art a cette caractéristique d'innover toujours, que ce soit dans un terrain de continuité ou sur un terrain vierge. Et l'innovation dépasse largement le champ de l'art contemporain. C'est le domaine par excellence de la création artistique, et à ce titre, le modèle de tout manager inspiré ou en mal d'inspiration.

Management et gestion du temps

La fonction de management est confrontée à une gestion du temps à dimension multiple : très court terme, moyen terme et long terme. Un défi qui ne permet aucune perte de temps, une course contre le temps permanente en quelque sorte mais qui exige aussi une vision d'envergure, une ambition dans la durée. En ce sens, le temps du manager est compté, il est un partenaire exigeant et quotidien inhérent à la fonction même. La création d'une œuvre d'art, sa valorisation marchande, sa notoriété publique, s'inscrivent elles aussi dans le temps mais avec une différence majeure : le temps est leur allié. C'est bien la raison pour laquelle le modèle artistique peut servir de vecteur d'apprivoisement du temps et d'apprentissage de sa gestion.

Gestion du court terme

Gestion du court terme ? L'artiste travaillant sur commande est le plus souvent contraint à des délais précis, imposés et choisis par des princes et prélats. C'était la règle pour la grande majorité des artistes de la Renaissance jusqu'au XIXe siècle. Dans ce contexte, la contrainte du court terme explique par exemple la constitution des ateliers de maîtres, l'obligation de déléguer et de travailler en équipe. Comme ont pu le montrer Titien, Raphaël, Rubens, entre autres, cette contrainte ne les a jamais empêchés non seulement de s'imposer à une échelle internationale dès leur vivant, mais *a fortiori* d'être créatifs. La mise en parallèle de ces contraintes entre l'artiste et le manager, est un moyen de détourner la difficulté de gestion du court terme sur un terrain neutre, celui de l'art, dans la mesure où celui-ci n'en est pas moins un modèle de dépassement des contraintes les plus raides.

Gestion du long terme

Gestion du long terme ? La durée de vie de l'œuvre d'art ne connaît de limites que matérielles (dégradation de son support et de ses matériaux) et encore, nombreux sont les chefs-d'œuvre qui nous sont parvenus par l'historiographie, les descriptions, les reproductions d'époque. Quant à la renommée de l'artiste, elle s'étend sur un temps long, dépassant bien entendu la durée de sa vie, avec les fluctuations que nous avons eu l'occasion d'évoquer précédemment. On connaît aujourd'hui les réalisations du peintre Apelle pour Alexandre le Grand, dans l'Antiquité, quand bien même aucune œuvre ne nous soit parvenue de cet artiste. Son talent est resté légendaire tout comme sa relation privilégiée avec l'empereur. Sa biographie regorge d'anecdotes dont la plus connue est sans doute la femme que lui aurait « offert » Alexandre le Grand, sa propre maîtresse, geste magnanime s'il en est ! La durée joue en faveur des œuvres et des artistes en ce sens qu'elle les valorise tant sur le plan du marché (valeur commerciale) que sur le plan de l'histoire de l'art et de la culture (valeur symbolique et artistique). Le temps est donc un allié étroit de l'art. Sa mise en valeur tout comme sa représentation sont des moyens très opérants de transfert, de détour, pour ouvrir l'horizon du long terme pour des managers, inquiets et sous pression, mais dont la fonction est aussi de préparer et d'anticiper l'avenir, de prendre des risques pour le futur.

Management et animation d'équipe

L'atelier d'artiste : diversité et complémentarité des compétences

Dans l'animation d'équipe, manager consiste à créer une synergie collective, à impliquer et motiver les individus, à partager et déléguer les tâches.

Dans cette perspective, le modèle artistique propose plusieurs facettes opérantes. La première est l'organisation du travail en atelier :

© Dunod. La photocopie non autorisée est un délit

répartition précise des tâches (broyeurs de couleur, préparateurs de toiles, apprentis, dessinateurs, peintres ou apprentis plus ou moins spécialisés pour les visages, les perspectives spatiales, les costumes, les nus…), dimension pédagogique et formatrice pour les apprentis pour lesquels l'entrée dans un atelier de maître est aussi une carte de visite pour leur carrière future. De la même manière, stages et premiers emplois posent les bases de carrière des collaborateurs les plus jeunes dans une équipe confirmée ; le passage par une entreprise X ou Y participe à construire un CV.

Moi et les autres

Coopérations professionnelles, collaborations d'artistes : comment faire partie d'un tout sans cesser d'être soi-même…

Une autre facette de l'art est la collaboration d'artistes sur un même chantier. Qu'il s'agisse de cathédrales, de palais, de décoration intérieure, de Biennales d'art contemporain, plusieurs corps de métiers sont toujours mis en œuvre, et pas seulement artistique bien sûr : architectes, sculpteurs, peintres, ornemanistes, dessinateurs, tailleurs de pierre, ingénieurs, ébénistes, tapissiers, fondeurs, doreurs… Des cas de coopération étroite entre artistes de même niveau ont également marqué l'histoire de l'art : le binôme Palladio (architecte) et Véronèse (peintre) dans les villas vénitiennes au XVIe siècle en est un des plus significatifs. Chaque cas offre la possibilité au manager de remettre en perspective la manière de gérer une équipe, la complémentarité des compétences, l'enjeu d'un projet collectif pour motiver chacun, la valorisation de chaque collaborateur à la hauteur de sa responsabilité, la hiérarchie des fonctions, la disparité des métiers impliqués…

Pour décortiquer la diversité des méthodes de management et opérer les redressements nécessaires, les entreprises font généralement appel à des grands cabinets de conseil et consulting qui jouent, en quelque sorte, par rapport aux entreprises, le rôle de la critique d'art par rapport à tel artiste ou à telle manifestation.

Dans ce domaine précisément, l'approche artistique est un vecteur d'appréhension, d'identification et d'analyse, des difficultés rencontrées. Elle peut aider à orienter l'application d'un ou de l'autre outil de management, à identifier les blocages et à les dénouer.

Management et gestion de crise

Le changement et son accélération dans la vie économique moderne constituent l'un des principaux défis auquel sont confrontés les managers et les entrepreneurs.

En ce sens, ces derniers génèrent des situations de crise non pas simplement ponctuelles mais devenues inhérentes au pilotage des entreprises, quel que soit leur secteur d'activité.

La raideur et l'aveuglement, tout comme le laisser-faire et la panique, ou encore la surréaction, ne pardonnent pas : ils guettent toute gestion du changement en le transformant parfois en véritable crise.

Avant la crise, le changement

Dans ce contexte, l'appréhension du changement par l'art est un nouvel outil de désamorçage de crise et surtout d'anticipation.

C'est ainsi que des approches personnalisées pour les entreprises en phase de déménagement géographique, de changement de nom, de repositionnement stratégique, de fusion peuvent être élaborées, chaque problématique correspondant, bien entendu, à un contexte particulier et à ses enjeux propres. Mais le vecteur artistique s'avère en la matière un puissant levier d'intervention. Le changement en entreprise se prépare, s'anticipe, se gère, se digère.

Dans l'histoire de la création artistique, les exemples ne manquent pas de situations critiques, de périodes charnières, « d'avant » et « d'après » que tout sépare, bref de passages « d'un monde à l'autre », de situations où certains artistes, parce qu'ils en ont pris la mesure et parfois même le contrôle – ont tiré leur épingle du jeu, alors que d'autres, au même endroit, ont sombré corps et biens…

La succession accélérée des avant-gardes dans l'art du XXe siècle est bien à l'image de celle du temps économique contemporain. La confusion auprès du public provoquée par la transdisciplinarité de l'art contemporain (design mode, publicité, vidéo, photographie, installations, sculptures…) est aussi un miroir particulièrement significatif et probant de la situation des entreprises et de leurs marchés, en particulier dans un contexte de mondialisation accélérée.

© Dunod. La photocopie non autorisée est un délit

En somme, l'art est un outil de distanciation qui permet d'appréhender le changement d'une façon particulièrement originale et pertinente.

Art et formation

Qu'on se rassure : loin de nous l'idée de préconiser à toutes les directions générales des entreprises de dispenser des cours d'histoire de l'art à leurs salariés !

En revanche, à condition d'être manié par de bons pédagogues et animateurs parfaitement rompus à l'art, celui-ci est un support idéal pour la formation des hommes et des femmes de l'entreprise.

Prenez un tableau abstrait et faites réagir devant cette image *a priori* difficile d'accès un public néophyte ; expliquez-lui l'abstraction : Kandinsky, Paul Klee, Rothko ; montrez-lui comment une forme abstraite peut exalter la couleur ou au contraire l'éclipser totalement ; évoquez devant lui les « abstractions » de la nature : l'infiniment petit et l'infiniment grand, par exemple, et démontrez-lui que la réalité des formes signifiantes n'est qu'une infime portion d'un spectre beaucoup plus large, celui des formes qui ne signifient rien d'autre qu'elles-mêmes dans lesquelles les artistes puisent leur inspiration ; faites-lui toucher du doigt en quoi dessiner une forme consiste en un geste déterminé ; mettez-lui à présent sous le nez une image d'un « dripping » de Jackson Pollock réalisé par le grand peintre américain sur une toile posée à même le sol sur lequel il a laissé « danser » son pinceau : lorsque le geste l'emporte sur tout le reste, une image pure se forme : c'est cela aussi, l'abstraction. De là, vous allez faire comprendre à votre auditoire en quoi consiste une « démarche artistique » ; en quoi elle s'apparente à une « posture » de la part d'un artiste ; comment elle peut l'amener à privilégier le contenant par rapport au contenu, ou encore l'objet par rapport au sujet.

Faites-lui à présent découvrir un tableau baroque – une allégorie religieuse, par exemple – et expliquez-lui ce qu'il y a derrière tous les codes et tous les symboles qui figurent sur la toile : bien mieux qu'au travers d'explications forcément absconses, votre auditoire comprendra ce qu'est un « langage esthétique ».

Parce qu'il se situe au carrefour du monde des idées et de celui des formes, l'art est facilement accessible dès lors qu'on sait le « raconter » avec les mots qu'il faut.

Dans un monde où les hommes et les femmes cherchent à donner du sens à leur place dans l'entreprise, les différentes formes d'art – depuis celui des cavernes jusqu'à celui des créateurs d'aujourd'hui – parce qu'elles sont toujours au cœur d'un questionnement sur la destinée humaine – constituent un gisement d'une richesse inouïe pour motiver et former les collaborateurs.

***

Faire entrer en résonance le management et l'art n'est pas une idée aussi saugrenue que ça.

On l'aura compris, entre ces deux mondes, les passerelles sont infinies…

La pertinence d'une intervention visant à les mettre en exergue repose sur un dialogue étroit avec les interlocuteurs en entreprise, en amont et en aval des prestations conçues et réalisées et un savoir-faire particulier – lié à une grande familiarité avec l'art – de la part des intervenants ou « meneurs de jeu ».

Souple et flexible, elle permet aussi de s'intégrer dans d'autres méthodologies et processus de formation au management déjà engagé et mis en œuvre par l'entreprise.

C'est bien là d'ailleurs que la plus grande efficacité est à mesurer : dans la capacité de l'entreprise à intégrer cet outil novateur dans sa propre culture, en particulier managériale, ses pratiques habituelles, ses références.

L'objet est moins, ici, de rentrer dans des exemples trop précis mais plutôt de faire toucher du doigt au lecteur la pertinence d'une méthodologie spécifique sur ce vecteur artistique, pour obtenir une réelle valeur ajoutée aux problématiques plus traditionnelles de la formation au management.

Chapitre 13

L'ART, OUTIL DE MARKETING ET DE VENTE

Dans le domaine commercial et marketing, le vecteur artistique reste encore un outil méconnu.

Une résistance bien naturelle tend en effet à opposer la gratuité de l'œuvre d'art, sa finalité propre et autonome, à celle d'un produit ou service commercial.

Et pourtant « vendre », au sens le plus profond et noble du terme, une œuvre d'art, surtout lorsqu'elle n'est pas de « lecture » évidente au premier abord, c'est-à-dire convaincre de son bien-fondé un regard qui lui est au départ complètement étranger, fait appel à des qualités que tous les commerciaux connaissent : la persuasion, la complicité, la volonté de faire partager, l'explication, la séduction…

La mise en œuvre d'un processus de « vente » ne varie guère, quel que soit l'objet de l'acte commercial. Il s'agit, pour le vendeur, d'amener « l'acheteur » sur son terrain ; puis, en quelque sorte, de « le prendre par la main », avant de l'amener à l'endroit précis prévu à l'avance, au moment dit, celui, exactement, où se produit « l'achat ».

Dans ce jeu de va-et-vient subtil, où la cible n'est pas toujours là où on pense, une œuvre d'art judicieusement choisie peut se révéler un excellent « thème d'application ».

Mais d'autres applications encore plus concrètes peuvent être trouvées, sur l'importance de l'apport de l'art au processus commercial des entreprises.

L'œuvre d'art et sa scénographie

Nous avons déjà pu observer comment les grands artistes étaient de grands « marketeurs » qui s'ignoraient.

Mais il sera ici question d'espace, de mise en exergue et en situation, de théâtralisation (ou ritualisation), bref, pour employer des termes plus triviaux, de merchandising, de PLV, c'est-à-dire de l'apport de l'art à toutes celles et à tous ceux dont le travail consiste à mettre en valeur un produit aux yeux de son consommateur.

Aujourd'hui, l'œuvre d'art est celle qui a su se « proposer » comme telle, dans un lieu adéquat : musée ou galerie. Ce « contexte » est inséparable de la notion d'œuvre d'art. Sans cela, l'art conceptuel n'aurait d'ailleurs aucune « valeur » particulière. Les lieux de l'art contemporain sont devenus les adjuvants indispensables de celui-ci.

L'exposition au public d'une œuvre d'art, que ce soit dans la ville, au musée, en galerie ou en encore dans l'atelier où elle a été créée, est donc un parfait exemple de merchandising. « Ceci est une œuvre d'art » : telle est la maxime indispensable du système de l'art contemporain. Pour que cette maxime fonctionne, l'œuvre doit être montrée « en situation » et qualifiée comme telle par le système, c'est-à-dire par la critique, le marché et les institutions.

Remarquons au passage la multiplication de ces lieux d'expositions et leur diversité croissante. Rien de tel que d'exposer dans un lieu inattendu, underground ou select, pour se faire remarquer, se différencier. Les manifestations d'artistes contemporains en font la démonstration tous les jours. Des piles du pont Alexandre III à Paris aux cafés et restaurants branchés, la palette des possibles s'élargit continûment. À l'image finalement des opérations de marketing direct et hors média qui prennent aujourd'hui le relais de la stricte campagne publicitaire.

Qu'est-ce qui est en jeu dans ce processus commun à l'œuvre d'art et au produit commercial ?

Tout d'abord, la nécessité de se positionner sur un marché donné, de s'y faire remarquer, et donc de se « distinguer » de la concurrence, pour mieux toucher sa « cible ».

Mais il y a aussi le besoin de mettre en scène l'objet pour mettre en lumière sa valeur ajoutée propre. L'objet – tout comme l'œuvre – ne se suffit pas à lui-même dans une perspective de vente. Une scénographie entre donc très vite en jeu, comme élément indispensable.

L'artiste contemporain recourt le plus souvent à des galeries, à des expositions collectives ou individuelles. Mais le cas de Jean-Philippe Serrano (voir entretien, p. 100 et cahier central p. xv) manifeste que d'autres biais sont possibles, à l'infini pourrait-on dire. Buren, par exemple, investit directement la rue, l'espace d'affichage public par excellence, de ses rayures. Les aéroports et les gares sont investis par les grands architectes et les grands designers.

Un peu partout, on rouvre des usines désaffectées et on réhabilite des lieux délaissés, comme si l'art devait servir de bouche-trou à des activités que la mondialisation galopante se charge de délocaliser à l'autre bout de la planète...

Plus près de nous, à Paris, la Maison Rouge qui a ouvert en 2003 sur le quai de la Bastille n'est autre qu'un musée privé implanté dans un bâtiment rénové. Les Tours de la manufacture LU à Nantes sont devenues le Lieu Utile, ouvert récemment au public pour des manifestations artistiques. Chacune de ces démarches montre à quel point le marketing a déjà investi le registre de l'art.

La chose n'est pas nouvelle, elle remonte à la nuit des temps, même si les exemples contemporains sont encore les plus convaincants car les plus immédiats.

On voit donc, là aussi, que le parallèle fonctionne parfaitement, entre la nécessaire théâtralisation de l'art et le marketing des biens et des services.

Grâce à l'art, il devient possible de faire redécouvrir à des commerciaux leurs propres compétences, pour leur permettre d'imaginer de nouvelles solutions plus opérantes (ou différenciatrices) et de leur faire prendre conscience d'une façon particulièrement originale de l'impact décisif du marketing sur le passage à l'acte d'achat, de la part du consommateur.

Client et amateur d'art, même combat !

© Dunod. La photocopie non autorisée est un délit

L'acte de vente engage des arguments qualitatifs et quantitatifs, objectifs et subjectifs. Le discours verbal, le comportement, l'intonation vocale, le rythme sont des facteurs décisifs pour le vendeur et son interlocuteur. Mais dans un contexte ultra-compétitif, c'est la valeur perçue, la valeur ajoutée subjective qui prend le pas sur l'argumentaire rationnel.

Aucun marchand ne forcera jamais un collectionneur à acquérir une œuvre d'art. Et pourtant, sans marchand, il est évident que le collectionneur n'achèterait rien. Même s'il ne se sent guidé que par son désir, l'amateur d'art collectionneur, prêt à « succomber à n'importe quel prix » est bel et bien – sans toujours le savoir – un acteur du marché !

Il en va de même pour l'acte de vente et pour le commercial qui l'a suscité.

La vente d'œuvre d'art repose sur l'initiative laissée à l'acheteur, sur la conviction qu'il a choisi son œuvre tout seul, qu'il l'a voulue, cherchée et finalement trouvée. Or ce sont exactement ces caractéristiques de l'acte de vente que recherchent aujourd'hui les commerciaux, tous secteurs confondus. Qu'est-ce qui fait la valeur d'un tissu de feutre posé au sol, signé Beuys ? Comment comprendre la valorisation de ses œuvres sur le marché de l'art ? Pourquoi un tableau de Van Gogh – c'est-à-dire quelques grammes de peinture séchée sur une toile rugueuse – mis en vente chez Christie's ou Sotheby's atteint-il des sommets toujours inégalés ? Sur quoi repose la valeur marchande d'une œuvre d'art ? Le travail bien fait, la maîtrise technique, les dimensions, le sujet éventuel, comptent bien peu en regard de la valeur symbolique de l'œuvre, sa charge affective, sa représentativité virtuelle.

Dès lors, l'acte de vente d'un « objet » aussi « extraordinaire » est riche d'enseignements pour qui cherche à élucider le processus complexe par lequel un individu devient client ou acheteur.

Dans l'univers de l'entreprise, et plus précisément dans celui de ses forces de vente, la confrontation avec ces questions propres à l'œuvre d'art apporte nombre de réponses, en dépit de toutes les différences entre un produit ou service et une œuvre d'art. Non seulement un modèle de discours commercial est offert naturellement, mais un dispositif stratégique efficace est en œuvre.

C'est précisément sur ces éléments que peut se fonder une véritable méthodologie développée dans le domaine de la vente, grâce à des œuvres d'art.

Très concrètement, la vente – au sens large du terme – d'une œuvre d'art, c'est-à-dire, aussi, sa compréhension, propose un modèle unique de la vente quelle qu'elle soit. Son efficacité opérationnelle s'impose d'elle-même.

Désarmés par la méconnaissance de l'objet, les individus, lorsqu'ils sont placés face à une œuvre d'art qu'ils ne connaissent pas, ne peuvent recourir à aucun argument rationnel et objectif. Ils sont acculés à travailler leur attitude, leur capacité d'écoute et de dialogue, à apprendre à recevoir une demande plutôt que d'imposer un besoin, bref à réfléchir à leur fonction même, sans l'appui de l'objet de vente auquel ils sont habitués.

Le mécénat artistique, relais commercial et marketing

Mécénat et fonction commerciale de l'entreprise

La démarche de mécénat artistique apporte encore un autre support à la fonction commerciale, du marketing à l'acte de vente. Son orientation est généralement dictée par l'activité et la culture de l'entreprise. On peut s'étonner pourtant de voir encore si peu de contacts concrets entre les responsables de mécénat, souvent directeurs de communication, et les directions commerciales. C'est que le mécénat, dans son acception traditionnelle est d'abord associé à une valorisation d'image, un outil de communication institutionnelle.

Mécénat de compétences et d'initiatives font évoluer la donne. Ils mettent plus directement en relation l'opération artistique choisie avec les compétences et métiers de l'entreprise. Rares sont encore ceux qui vont plus loin. Un exemple remarquable : celui de Hewlett-Packard. Le responsable du mécénat, Vincent Timothée, ne dépend ni de la direction de la communication, ni de la direction commerciale. Électron libre en quelque sorte, il n'en développe pas moins des opérations ciblées, tantôt d'image, tantôt produit. Le prix Arcimboldo, récompensant des créateurs de photos numériques a par exemple positionné l'entreprise sur le secteur de la photographie numérique avec force, alors que les imprimantes et les systèmes d'exploitation avaient fait l'image d'HP auprès de ses consommateurs. Autre démarche marketing du mécénat d'HP : l'exposition Hype Gallery au Palais de Tokyo à l'automne 2004 présente entre autres, les imprimantes très haut de gamme sur place, non seulement mises au service de l'impression des œuvres exposées, mais utilisées sous les yeux des visiteurs ! Chez Renault, Ann Hindry, conservateur de la collection d'entreprise (art moderne), ne dépend pas non plus de la communication mais directement du cabinet de Louis Schweitzer, c'est-à-dire de la présidence de l'entreprise.

© Dunod. La photocopie non autorisée est un délit

À ce titre, elle dialogue avec la communication mais aussi avec le marketing. Lorsqu'elle prépare une exposition de la collection à Tokyo, c'est au marché japonais que s'adresse la manifestation : un marché familier de Nissan mais moins habitué à l'image Renault. Idem pour la prochaine exposition que Madame Hindry prépare, avec le professionnalisme d'un conservateur de collection et non de directrice marketing, pour 2005 à Mexico. L'enjeu commercial n'en est pas moins consciemment recherché : il a orienté le choix du lieu, il s'agit pour Renault de pénétrer le marché de l'Amérique du Sud (voir entretien, p. 137) !

Ces exemples témoignant de la possibilité, largement sous-exploitée, de relayer le mécénat artistique dans l'action marketing et commerciale, sans pour autant dévaloriser le projet artistique pour lui-même. Une piste que les entreprises mécènes exploitent encore peu, sur laquelle elles s'expriment pourtant assez clairement, mais comme en catimini. Il est grand temps de lever le tabou et d'apprendre à juxtaposer, non pas à mélanger, démarche mécène et intérêt commercial ou marketing, à travers un discours plus franc et des actions plus concrètes.

Quand l'entreprise diffuse l'art

C'est enfin au titre de diffuseur de connaissances que l'entreprise s'avère un acteur de l'art tout aussi indirect et tout aussi réel. Lorsque l'entreprise s'associe à un artiste contemporain ou à une exposition, elle ouvre à un public plus important une réalité culturelle qui reste considérée comme élitiste. Cette valorisation de privilège fait d'ailleurs partie des raisons pour lesquelles elle le fait ! Si la fréquentation des musées augmente, la population concernée s'élargit en fait très peu, ou en tout cas très lentement. L'art nécessite une familiarisation, un apprentissage, une éducation. C'est en quoi il demeure élitiste car son accès est limité à celles et ceux qui font l'effort de s'y intéresser. Mais la fascination qu'il exerce, quelles que soient les couches sociales concernées, et le besoin que l'homme en éprouve restent essentiels et particulièrement stimulants. L'entreprise y répond d'une manière indirecte et inconsciente en popularisant des références connues ou en familiarisant sa cible avec des références inconnues. Le mécénat artistique et le parrainage participent donc pleinement de la démocratisation de la culture en sensibilisant un public ciblé à l'art, *a fortiori* quand il s'agit d'art contemporain, dont le public est encore plus étroit. Les personnels de la Société Générale fréquentent au quotidien dans leurs locaux de La Défense les toiles de Pierre Alechinsky, d'Antoni Tapiès, de Sol Lewitt, de Claude Viallat, de Zao Wou Ki. Combien d'entre eux ont, de ce fait, éprouvé le désir de fréquenter les expositions de ces artistes et les musées d'art moderne pour retrouver leurs œuvres ? Combien se sont tout simplement intéressés à l'art du XXe siècle ? Même audacieuse, l'entreprise doit jongler entre le risque de l'inconnu et les références de ses interlocuteurs. La référence artistique n'est jamais neutre évidemment. Il n'en reste pas moins qu'en passant par l'entreprise, elle atteint un public différent de son public habituel, et qu'elle le fait différemment. Même quand Citroën s'empare de la signature de Picasso pour sigler une série limitée du modèle Xsara, le constructeur automobile ajoute indirectement à la valeur symbolique du nom (voir entretien, p. 204). Lorsque la *Laitière* peinte par Vermeer se transforme en cuisinière de desserts dans un spot télévisé pour la marque Gervais, le chef-d'œuvre du maître d'Amsterdam touche des spectateurs qui n'ont probablement jamais mis les pieds au Rijksmuseum d'Amsterdam. On s'étonnera peut-être de ces exemples qui cristallisent un fossé dérangeant entre les œuvres d'art et les produits qu'ils servent. Aucun rapport logique ne justifie leur rapprochement en l'occurrence. Précisément, ils montrent jusqu'où l'entreprise contribue effectivement à la connaissance des artistes et de leurs œuvres ! Qu'elle soit intéressée par la notoriété qui s'y rattache, qu'elle manipule ou même qu'elle méconnaisse parfois ces références, c'est indéniable. La diffusion qu'elle en fait n'en est pas moins réelle. Sans avoir nulle vocation à démocratiser la culture, l'entreprise peut ainsi en être un acteur redoutable.

L'œuvre d'art n'est pas un produit comme un autre. Il circule malgré tout par définition sur un marché économique. À ce titre, il offre un modèle pratique à n'importe quel produit ou service mis en vente. Il est de plus en plus évident que les compétences associées à la vente en entreprise ont beaucoup à apprendre d'une meilleure appréhension du marché de l'art, de la valorisation marchande d'une œuvre d'art. Un point d'accroche très simple existe déjà sur lequel les entreprises pourraient rebondir simplement et ouvertement : le mécénat

© Dunod. La photocopie non autorisée est un délit

ou le partenariat sur des manifestations artistiques. Plus l'entreprise assume cette double ambition, plus elle crédibilise son mécénat et valorise ses savoir-faire. Un enjeu de taille, tout de même !

« Créer, c'est vendre »

Entretien avec Jacques Séguéla

Vice-Président Havas

La Citroën Xsara Picasso a, pour la première fois, associé un modèle de voiture à une signature artistique de premier plan : une idée pour le moins audacieuse, sinon choquante. Comment est née cette association ?

Au moment où nous avons préparé la campagne de lancement de la Citroën Xsara, le nom du modèle avait déjà été choisi et le moins que je puisse dire est qu'il ne me convainquait pas : Xanaé. À l'époque, j'ai par hasard eu l'occasion de déjeuner avec Olivier Picasso, qui s'occupait du merchandising du nom « Picasso », et l'idée m'est venue d'associer le plus grand peintre de l'innovation au XXe siècle avec le constructeur automobile, symbole de l'innovation du XXe siècle par excellence. Deux latins, deux hommes cultivant la différence, deux notoriétés... L'ambition était de signer un modèle de voiture, et non pas une série limitée ! Il restait à convaincre Claude Picasso, oncle d'Olivier, qui gère tous les droits pour la famille, ainsi que le président de Citroën, le tout dans un délai d'une semaine ! Pour le premier, les choses ont été relativement simples : un contrat de sept ans de droits mondiaux a pu être négocié, comparable à un contrat avec Claudia Schiffer et bien en deçà d'un contrat avec Zidane ! Quant au président Jean-Martin Folz d'abord plus dubitatif, il m'a renvoyé le challenge : « à ma place que feriez-vous ? »

Et que lui avez-vous répondu ?

J'étais d'abord totalement convaincu de la pertinence de l'association d'idées. Et puis, vous savez, une voiture a besoin d'une pré-notoriété dès avant sa sortie. La perte de temps coûte très cher. La publicité qui précède la sortie est déterminante et il faut faire tenir la tension jusqu'au bout. Pendant un an, la figure de Picasso a permis de construire un effet coup de pub, monté à travers les films et les diverses campagnes d'affichages. En l'occurrence, ajouté à l'effet du salon de l'automobile, le succès a été au rendez-vous puisque dès la fin de la première année de mise en vente, l'investissement sur sept ans était remboursé !

Mais alors, jusqu'où peut-on aller dans la récupération de l'art à des fins publicitaires ?

Les limites sont d'une part le respect de l'artiste évidemment. Il ne serait pas pardonnable ni pardonné de dégrader son image. Mais il y a d'autre part une donnée essentielle : la priorité du produit ! Il s'agit d'abord de promouvoir un produit, une marque, ici une voiture. L'image de l'artiste est là pour la servir et non pour lui faire de l'ombre. Il est donc très important que la voiture reste plus forte que la référence dans le support publicitaire, film ou affiche. Le message est donc très clair. Pour répondre plus précisément encore à votre question, j'ajouterais que nous avons fait des enquêtes d'opinion sur la réception des campagnes de la Xsara Picasso et que l'effet négatif a été minime : très peu de réactions négatives ont été enregistrées à l'encontre de cette association d'un grand peintre avec une voiture. Et d'ailleurs, selon moi, c'est bien naturel, car il n'y a finalement aucune différence entre un spot publicitaire et un film cinématographique… sinon la durée !

La publicité est donc un art ?

Évidemment ! Disons le huitième art, après le cinéma. Souvenez-vous que créer c'est vendre : il en était de même pour Picasso ou pour n'importe quel autre artiste ! Et regardez les campagnes d'une marque comme Chanel, très ponctuelles mais toujours très remarquées, signées de grands créateurs, ce sont des œuvres d'art à part entière, plus ou moins réussies, mais elles sont constitutives de Chanel, de son positionnement au-dessus des autres, et sur la durée. Quand vous buvez Coca-Cola, c'est un peu la même chose, vous buvez de la publicité ! La publicité crée la valeur, l'image. Que serait une eau comme Évian sans publicité ? Les génies de notre temps, ce sont ces marques parties de rien, créées entièrement par la publicité !

Quand on arrive chez vous, on est accueilli par des œuvres de Ben. Une parfaite continuité donc ?

Bien sûr, Ben est un très grand artiste et le meilleur artiste des mots qui soit : quelle meilleure expression de notre métier de publicitaire ?

CONCLUSION

« Tout ce qui existe dans le monde, dans l'histoire, dans la vie, dans l'homme, tout doit et peut s'y réfléchir, mais sous la baguette magique de l'art. »

Cromwell, Préface, Victor Hugo.

Au terme de cette incursion dans le monde de l'art et de ses rapports avec les entrepreneurs, les entreprises et le marché, comment pourrait-on continuer à décréter que ces deux mondes sont exclusifs l'un de l'autre ?

D'ailleurs, si l'art et l'argent ont toujours fait bon ménage, c'est bien la preuve que les deux mondes s'interpénètrent. Sous les Tang, les empereurs de Chine acceptaient de payer en quantités fabuleuses de soie (matériau hors de prix à cette époque) les grands peintres de paysage qu'ils faisaient travailler à la cour impériale ; le roi François Ier ne ménagea pas sa peine (et ses finances) pour s'adjoindre les services de Léonard de Vinci ; Picasso, conscient que le succès finit toujours par se mesurer en espèces sonnantes et trébuchantes, aimait l'argent ; les entreprises Bayer et LVMH commandent à prix d'or au sculpteur américain Richard Serra des œuvres gigantesques qu'ils exposent dans leurs sièges sociaux.

En l'occurrence, l'artiste peut être comparé à un émetteur et l'amateur à un récepteur. Le beau, le rare, parce que sa valeur dépend exclusivement du prix que l'amateur (ou récepteur) est capable de payer pour le posséder, a toujours été « cher », même si ce prix ne cesse d'augmenter, comme si nous étions persuadés que nous sommes dans un monde où la créativité des grands artistes devient une ultime valeur refuge.

Mais dans ce rapport subtil et interactif, il y a un autre paradoxe : la valeur de l'art est si subjective qu'il n'est pas faux d'affirmer que ce dernier n'a pas vraiment de prix, ou en tout cas que son prix échappe à tout critère objectif.

Si une toile de Rothko, l'un des artistes fétiches du XXe siècle, peut valoir désormais plusieurs dizaines de millions de dollars, c'est moins parce que cette peinture atteint au sublime, par sa faculté à évoquer un espace de méditation et de paix dans lequel chacun d'entre nous aspire à se réfugier, que parce que le système dans lequel nous sommes fait que le marché de l'art l'a valorisée à ce montant-là.

Et ceci n'exclut en rien cela.

Au contraire, serait-on tenté de dire.

Car l'art est à l'image de l'homme : un paradoxe permanent : un va-et-vient entre la matière et l'esprit ; entre l'instinct de survie et celui de mort ; entre la volonté de posséder et celle de partager ; entre « être » et « avoir ».

Entre l'humain et l'inhumain…

Au demeurant, rien ne nous empêche de profiter du fascinant univers de Rothko : il nous suffira d'aller nous asseoir quelques minutes devant l'un de ses chefs-d'œuvre à Houston (Rothko Chapel) ou à la Fondation Beyeler de Bâle.

Il ne nous en coûtera que le billet d'entrée…

En somme, parce qu'il fait osciller l'homme entre des pôles que tout oppose (l'argent, la matière, l'objet ; le rêve, le symbole, l'idée), en s'adressant autant à leur cœur qu'à leur esprit, l'art, au-delà du monde fascinant des formes dans lequel il l'invite à pénétrer, reste un thème de réflexion inépuisable pour ceux dont le métier – comme celui des artistes – est de produire et d'échanger.

048646 - (I) - (2,5) - OSB 100° - TYP - CDD

Achevé d'imprimer sur les presses de
SNEL Grafics sa
rue Saint-Vincent 12 – B-4020 Liège
Tél +32(0)4 344 65 60 - Fax +32(0)4 341 48 41
avril 2005 – 34317

Dépôt légal : avril 2005

Imprimé en Belgique